蜂屋 賢喜代

# 仏天を仰いで

校訂 名倉 幹

北樹出版

序にかえて

帰命尽十方

無碍光如来

秋晴るる

麦堂

# 目次

# 仏天を仰いで

# 遊戯三昧

遊ぶということは楽しいことであります、遊ぶということには安楽な心やすさがあります。私は遊べるようになりたいと願っております。

「超世の悲願きき しより、われらは生死《しょうじ》の凡夫かは、有漏《うろ》の穢身《えしん》はかわらねど、こころは浄土にあそぶなり」と聖人のうたわれたのを思ってもなつかしくなります。

『正信偈』には、「遊煩悩林現神通《ゆうぼんのうりんげんじんづう》」煩悩の林に遊んで神通を現じ、生死の園にいりて応化《おうげ》を示すとあります。

曇鸞《どんらん》大師は、還相《げんそう》の境地をたたえて「園林遊戯地門《おんりんゆげじもん》」といわれております。

そういうことを想い浮かべると一種のすがすがしさを覚えて憧れざるをえませぬ。

遊戯三昧ということは、私の理想であり念願であります。すなわち私はあらゆる事に対してそれを遊戯としてやってゆきたい、やって行けるようになりたいと思います。それはなかなか出来にくいことでありましょう。しかし私は是非そうなりたいと思っております、そして出来ぬことはないと信じています。たとえ一部分ずつでもそうなってゆきたいと念《おも》います。

遊ぶということは自由ということであります。囚われず、膠着《こうちゃく》せぬことであります。したがって失望せず屈託せず、悲観せぬことであります。楽しく力強く自由に働くということであります。

私は字が下手ですが、上手な人の書くのを見ていると、筆が白紙の上に遊んでおるのであります。遊んでおるから、楽に力強く飛んだり躍ったりします。私のは筆が硬着してちっとも自由がきかないのでいつも苦しむのであります。

鼓が上手になると右の手が、常に宙に遊んでおるものであると聞いて、なるほどと感心したことがあります。気張って手が強張るのは下手の証拠でして、どうも仕方がないと説明せられたことがあります。定めて、音楽でも同じだろうと思います。

遊ぶということは、動かないということではありませぬ。何もせぬということではありませぬ。機械が休んでおるのを遊んでおるとはいうけれども、休むのと遊ぶのとは違います。隠居をしたい、何もせずにおりたいというのは働いておる人の願いでありますけれども、ほんとうに休んだら、それは遊ぶどころではなく、苦しいことであります。それゆえ遊ぶということは自由に働いて苦しまぬということでなければならぬのであります。

遊ぶということには、緊張した楽しさと力がはいることでなくてはならぬのであります。日曜日に、終日ぶらぶら散歩をするというのは、遊ぶのではなくして、あれは休養と云った方が適当であります。家におってぶらぶらしておるのも休養であります。休養ということは働くものにとっては必要なことであって、疲労の回復であります。休養によってまた新しい力を得るのであります。しかしながら休養と遊びとを混同してはならぬと思います。

遊戯というものは、多くは、普通の時よりも力を入れておるものであります。精神の緊張、肉体の緊張しておるものであります。我を忘れてついには懸命になります。児童の遊戯を見ておっても分かりますが、テニスやベースボールの遊戯でもそうであります。私はベースボールが好きで随分やったものです。テニスも好きでありました。これは遊戯じゃない、運動じゃと叱らるるかもしれませぬが、やはり遊戯といってもよいと思います。あんなに命懸けになって、炎天に曝されて幾時間も走ったり、任務を尽くしたり、少しの油断をゆるさなかったり、もしあれが人から頼まれた仕事でもあったら、到底出来る事ではありませぬ。寒くても暑くてもそんなことをも忍んでやるんです。それでも面白いのであります。

それが激しい遊びであっても、軽い遊びであっても、遊ぶということは、屈託なく楽しく真剣になって働くということであります。

仕事が嫌でやりかけたことをしないでおりたいというのは、遊びたいというのではなくて、それは放逸であります。やりっぱなしというのであって取りとめがないのであります。遊戯には半ちらかしのやりっぱなしはないのであります。忠実にまとまりをつけねばおかぬ心もちがあります。だらしなく、ぐだぐだしておるのは遊びの気分ではありません。あれは惰《なま》けておるのであります。興味がないのであります。楽しさと張り合いがないのであります。

商売が好きという人があります。朝も昼も晩も、年百年中商売のことばかりを忠実に働いて働きぬいておる人があります。いろんなことを思って悪口などをいうこともありますが、側から見ておっても気持ちがよいものであります。ついには誰も皆感心をするものであります。そんなにしてまで金が欲しいのか、金が貯めたいのかと思うけれども、きっとそればかりではないのであろうと思われます。商売ということが面白うてならぬのでありましょう。商売はなかなか苦労なものである、心配なものであるといっておるけれども、あれが本当に遊んでおるのであろうと思います。商売三昧が遊戯三昧になっているのでありましょう。

金を殖やすことが面白うてならぬらしい人もありますが、あれも同じことで、金を殖やしてゆく事が面白うてならぬのであろうと思われます。あれが真につとめであったり、仕事と感じられておったら、続いてやれることではなかろうと思います。

もしそれがそうでないのならば、さぞつらいことでありましょう。

政治家には政治が遊びとなったらいいのでしょう。教育家は教育することが遊びとなったらいいのでしょう。学者には研究が遊びになればいいのです。商売人には商売が遊びとなればいいのです。宗教家には宗教家の仕事が遊びとなればいいのです。皆それぞれの職務が遊びとなれたらいいのです。仕事が遊戯と感ぜらるることが、それぞれの理想であり願いであろうと思います。

ある時、女の仕事も遊戯と思ってやれるようになれねばならぬといって、叱られたことがあります。洗濯したり、子を育てたり、食事の世話や、家庭の整理などなかなかうるさいものであって、男には分からぬであろうが、そんな楽しみなものではないといわれたので、一座大笑いをしたことがあります。

けれども、女の仕事でも辛いばかりではなかろうと思います。食事の用意にも手数と苦心とはあるにしても、そのうちにはきっと面白い心地があるであろうと思います。洗濯して清潔になったりするのも楽しいものじゃと母がいっています。ものがどんどん片付いてゆく時に整理の楽しさもあるであろう、可愛い子供や主人が喜んで食事するのも面白いことであろうと思います。主人をなくした妻君が、「あんなにやかましい気の合わぬ主人でも、辛いとか甘いとか絶えず小言をいっておった方がお料理に張り合いがありました。自分より下のものばかりで小言一ついってくれるもののないのは本意ないものです。お家《うち》も主人が食事の小言をいうのを有難く思いなさい」といって笑われた事があります。主人があまりに無理解で無理な小言をいう暴君であっては、随分困ることもあろうけれども、また仕事として課せられた苦役のように、その用事に追われているばかりでは遊ぶという興味も湧かぬかもしれませんが、努力も訓練も工夫もしてゆくならば、随分楽しくなるであろうと思います。また心ひとつの持ち方によっては、遊びの味わいも出てくると思います。

子供もうるさいと思うばかりでは育つものではない、育てるということが楽しい遊びであるのであります。

主人は働くことをつらい事であるといっておるが、苦労ばかりではなく、少なくとも遊んでおる事があるのであります。道を歩いたり、景色を見たり、人の家を訪《おとな》ったり、談話したりしている間には楽しいと思って、その働きの中に遊びを感じて息をしておるものであります。人と談判をしておる苦衷の中にさえ、時にはその事が遊戯である事があるに違いないのであります。

それに気づかず、楽しい遊びの部分を味わずして、苦しいと思う部分ばかりを味わって、おれは苦しいことばかりを働いておるのだと思っておるのは、あるものを味わい得ぬのであります。

私はなるべく遊びと感じて働きたいと思っています。自分の定まったことをするのは随分つらく思うこともありますが、一面は苦しみであって、それがやはり楽しみであります。文章を書くことも苦しみには相違ありませぬが、また楽しみに相違ありませぬ。講演に出かけることを辛いと思うこともあります。けれどもこれも楽しみであります。御経を読む法事に参詣することも楽しみであります。無論面白く楽しく感じられる時ばかりではなく、つらいと思い嫌だと思うこともありますが、私は一遍でも一日でも、それが自分の楽しみであるように気を取り直し、また考えてゆこうと思っております。

父は老いてもよく働いてくれます、炎暑にも寒天にも、雨の日も風の日も、どんどん出かけてゆきます。あまりつらければお休みなさい、一切やめてもよろしいというと、やめれば気分が悪いし、出れば気分が晴れてよい、食事もうまい、身体にもよいからといっておったことがあります。それが正直な告白でありましょう。

だから私にはお礼など貰わんでも好いのであります。それが本当のことですけれども、金なしには生活が出来ぬから頂くのであります。貰っても貰っても家計が欠乏するから、なるべく多く欲しいと思うのですが、嫌だとか辛いとか苦しいとか思った苦しみ賃としては貰いたくないと思います。

家庭においても、社会上においても、ことによると、報酬というものが苦しみ賃と見做されておることがあります。妻は自分の苦しんでおることを買ってくれて何らかの報酬がありたいと思い、主人の方でも妻はなかなか苦しんで働いておるからさぞつらかろうと思って、物や金や心の感謝を払っていることがありますが、あれはつまり軽蔑されたり軽蔑したりしておることであります。本当は楽しく気軽く屈託なく大いに働いてくれた、その働き、その遊戯のごとき働きこそ、尊い働きであるのであります。決してつらいとかえらいとか苦しんでくれたのが尊いのではありません。

商売好きが商売を励み、金好きが金をためるのにも、時には苦しいこともありましょうが、その苦しい事をも引っくるめてそれが楽しいのであります。学生が遊戯をするのにも、時には苦しい場合もありますけれども、それがやはり遊びの一部分なのであります。

こういう事から考えても、遊戯的気分で仕事ができ、仕事と遊戯とが一致するという事は吾人の理想であろうと思います。

しかるに仕事と遊戯とが一致するかというに、なかなか容易にそうはならぬのであって、仕事は仕事、遊びは遊びと別になって、仕事は嫌だが、遊びをしたいために仕事をせねばならんという心地になるのであります。それで仕事に実がいらず、楽しみがなく、力がなく、常に困るのであります。それには、日常生活の上について、改革せねばならぬ点があり、研究せねばならぬ点が多々あるのであります。ですから第一私共の精神を改造せねばならぬのであります。物を改めるのは末であります。精神を改めるのが根本であります。

信仰の人、法悦の人は、重苦しい人生生活を軽く荷って過ぎておるようであります。苦しいとか悲しいとかいってはいても、精神には案外屈托なく通っておるようであります。そこが羨ましくなつかしいところであります。

生と死とに煩わされ苦しめらるることなく、生死を超越して生活するのが信仰生活の妙味であります。煩悩の林に遊んで神通を現じ、生死の園に入って応化《おうげ》を示すのであります。

普通生活の現状は、煩悩の林に悩まされておるのであります。日々の生活の内心状態は、有る者は有ることについて悩まされ、無きものは無きことについて憂えておるのであります。往く所として可なるはなしであります。何事につけても欲が起こって悩まされたり、腹が立って苦しんだり、事々物々について苦悩の樹が我が前に立ち塞がり、樹立して林のようなのであります。あたかも苦悩林中を行くがごとく自由に進む事が出来ぬ生活であります。その煩悩林の生活が一変して、煩悩の林の中にあって、それが苦とならずに、林の中を遊び戯れる境地となりたいのであります。

煩悩が苦しみとならず、楽しみとなるのであります。神通を現ずるというのは自由ということであります。自由といっても何もせぬことではなく、他のために自由に立ち働いて尽くしてゆけることであります。生死の園中にあって他のために応化《おうげ》を示しうるのであります。

地獄の猛火、化して清涼の風となる、というのは信の天地の風光であります。ああ苦しい、たまらぬと思うそのことが、一変して清涼の風となる味わいであります。

生に悩まず、死に悩まず、煩悩林立の中を悠々自適して、遊戯三昧になることが園林遊戯地門《おんりんゆげじもん》という事であります。これは信の徳であって吾人《ごじん》の理想境であります。それが完全無欠に実現さるることは理想であって、一念の信によってこの境地の第一歩に入るのであります。しかしてこの理想に漸時に進みゆくのであります。それが法悦の生活であり、信相続の生活であります。しかしてついに理想実現の境地に到達するのであります。

「超世《ちょうせ》の悲願ききしより、われらは生死の凡夫かは、有漏《うろ》の穢身《えしん》はかわらねど、心は浄土にあそぶなり」とは、かかる信の天地の風光であります。

# 腹の立たぬようになりたい

腹が立たぬようになりたい、とは人も我もの願いである。腹の立つということはそれが直ちに自分自身において苦しいことであるのみならず、他の者に対しても苦痛を与えることであり、それが再び自分に返ってきて己れの苦しみとなるからである。

どうしたら腹が立たぬようになるだろうかは、各自に考えて見なければならぬことである。単に修養や訓練をしたからとて、容易に腹の立たぬようになるものではない。「堪忍」の額をかかげて朝夕睨んでおる人も随分あるようであるが、そんなものを睨んで気張っておることは苦しいことである。またお念仏を申して打ち消そうとしておる人もあるけれども、それも間違ったことである。たといそんな方法によって一時は消えたように見えても、心の中は絶えず煙が朦々《もうもう》としているものである。そういう外面だけのことでは到底本当に消えるものではない。苦しさは去らず、かえって中心はいよいよ苦しいのである。それよりは心中にもっておるものを明らさまに現わして、云ってしまった方がよほど罪がなくてよい。けれども種々の事情や自分の醜悪さが外に暴露さるることを恐るるがために、それも出来ぬのである。低級な夫婦親子が互いに殴り合いなどするのは一面かえって無邪気である。夕立と雷とが同時に来たようで、後の心もちは爽やかにこころよいかと思う。けれどもそれが出来るかというとそうはゆかぬのである。

腹が立つというその原因は欲から来るのである。すなわち貪欲から来るのである。貪欲心が満足されぬ場合に必ず瞋恚《しんに》が起こる。何かを求めてそれが意のごとく得られない時に腹が立つのである。それは要するに己れの愚痴から来たるのであるお経の講釈をしているようであるが、よく考えて見ると実際そうである。

ある一つのことについて腹の立つことがあって、それが二日も三日も一週間も消えずに、ひたすらに自分を苦しめておることがある。また、右を見て腹が立ち、左を見て腹が立ち、どちらを向いても腹の立つことばかりであって、ことによると朝起きると腹が立ち、夜寝るまで腹の立つことがある。時にはまだ枕を離れない内からそろそろ腹が立ちはじめて止む時のないことがある。人も我も人間というものは瞋恚にさいなまれている生活をしているように思う。

夫婦はよく喧嘩をする。親子はよく喧嘩をする。他人に対してもかなり多く腹を立てるが、殊に親しい者同志の間においてよく腹を立てるものである。もっともその原因については種々であろうが、畢竟ずるに自分の要求が満足されないことに結帰するものである。

欲望を持たぬものはないから、要求する所のあるのは当然なことであるが、その要求が至当であるか否かは各自に考究せねばならぬことである。

その要求がもし不当であることを発見し得たならば問題は直ちに解決するのであるが、その要求が至当であると見えて、しかもそれが与えられぬ場合に腹が立つのである。

夫は妻のために日夜孜々《しし》として働いていると思い、その苦労を妻が知ってくれぬ場合に堪まらなく腹が立つのである。しかして妻の我に対する行為について不満の心が起こり、その妻に要求する所がますます多くなり、それが与えられざる時に大いに腹が立つ。すなわち己れの心を知ってくれぬ恨みが起こるのである。

妻としては、夫を思い夫のためにこれほど尽くしているのに夫はこれに反して自分の心を知ってくれぬ、自分の働きを認めてくれぬ、と思う時に淋しく感じ、かなしくなり、ついに腹が立ってたまらなくなるのである。互いにかかる考えが日夜に蓄積しつつ、ついに何かによって爆発して互いに喧嘩をするのである。親しいだけに、また戦いも猛烈である。ついに残忍なる心をさえ起こして、戦いは時に相手を殺さずんばやまぬ心を抱くに到るのである。たがいに負けることは嫌いである人間の本性を、露骨に出し合って、勝たずんばやまぬのである。残忍なる、種々な恐ろしき心のありだけを起こすものである。

それが沈黙の戦いとなって、三日も五日も無言の生活を続けるようなことにもなる。外面は極めて静かな態度と上品な方法をとるのであるが、内心を一たび観照するならば恐ろしき戦闘状態である。そして各自に多少ずつは自分の欠点が明らかになってきても、我慢心によって負けてはならぬと力んで、生活上の多大の不便に困りつつもなおも戦闘をつづけるのである。互いに他を恨み苦しめようとしてやまぬのであるが、かえって互いに苦しみを受けておるのである。

そしてついには、利己的な醜劣なる利害問題の打算から、妥協して平和な生活に復するのであるが、同様なことを常に繰り返しては過ぎゆくのである。決してそれは善きことではない。それは真の平和でも理解でもないのである。

そもそも自分は他のために尽くしているのだろうか。これはよく考えてみなければならぬ第一の問題である。夫は妻のため子のために尽くしていると思っているが、夫は外に働きつつあるとしてもそれは自分の名のため利のためであり、また、自分自身の趣味のため楽しみのためではないか。その中には一部分妻子のためにと思う心もあるではあろう。特別な人のほかは大抵の男は、まったく自分自身のためのみに動いているものではなく、妻子や親兄弟のためにと思って、それがため随分苦しい場合にも我慢して働いてはいるだろうけれど、それが悉《ことごと》く妻子を思う愛からである事はあるまい。しかるに自分が苦しくなってくると、そのすべてが妻子のためであるかのごとくに、計算の誤りをするのである。そしてその苦労を汝らのためであるとして恩を売り、恩を強いんとする。つまり、まったく妻子のためであったと、妻子に買うことを求めているのである。そしてそれが買われぬ時、その要求が満足されぬ場合に腹を立てるのである。随分無理なことであり無理な要求である。私は汝らのためであるぞと云わんとする時「嘘を云え」という内心に否定の声を聞いて自ら恥ずることである。もし自分の努力の多くが、妻子のためであったとしても、妻子の安心と妻子の満足と喜びは誰が喜び楽しみとして享受するのか、それは自分自身である。されば妻子らの喜びと幸福とは自分自身の喜びと幸福である。妻子、親、兄弟の苦しみと悩みは、自分自身の悩みと苦しみである。かく考えきたる時、すべてが自分自身の問題であって、彼らのためと思うことの誤りであったことが分かる。それゆえやめようと思うならばやめれば好いのである。けれどもやめることが出来ないのである。時に妻からその声を聞く時、あるいはそういう心を見る時、男はいよいよ堪まらない切なさを感ずるのであり、馬鹿らしさを感ずることである。けれどもそれは当然なことであることを否むわけにはゆかない。

女として妻として、夫のためのみを思って働いている人があるだろうか。一見したところそうらしくあってもこれを仔細に調べるならば、昼夜、夫のために働いておるのであろうか。夫のために子を可愛がっておるのであろうか。夫のために子を育てているのであろうか。皆自分の子としてこれを愛し自分の子として育てているのではないか。たといまた日常の生活中にあって、家のためと思い夫のためと思っていることも、家のために考え、夫のために都合のよきよう、夫の恥とならぬよう、夫の苦を増さぬよう、夫の喜ぶよう、夫の楽なようと、一々について夫を中心にして考えて働いているとしても、それは必ずしも女が愛をもって生命として生きておるからであるということは出来まい。夫のためであり一家のためということは自分の幸福ということを自然に含んでおるのである。夫の信用、夫の恥、夫の一利一害は、引いて自分自身との直接関係であって、直ちに自分の上に及ぼすことを知っておるからである。たとい、私はどうなってもよいが夫のためにという女の声をよく聞くことがあるが、夫が夫がと云うその中には自分自身がちゃんと加入してあるのである。また前に男の場合に云ったごとく、たとい大部分が夫のためであっても、それは夫の喜ぶことが自分の喜びであり楽しみであるのであって、夫の苦しみは自分の苦しみである。してみれば、夫のためにということは、つまり自分のためにということである。

この意味から、人のために働くという考えは全然誤った考えであって、それは罪である。自分のために働いておりながら、これを人のために働いておると思い、しかもこれを人のために働いておるとして、これを売り、何かを要求するところのあるのは二重の誤りであり、二重の罪である。そしてその要求が得られぬと云って、他をうらみ他を害し苦しめるに到ってはなおさらの罪過である。それは愚かなるがためである。この愚痴すなわち不明であるがために、互いに不満と憤怒と怨恨と戦いとを生んで苦悩を受くるようになるのである。

子のために子のためにと云いつつ働いておる人がある。親のためにといって働いておる人がある。それらの人々は随分苦しいことであろう。苦しいけれども汝のため働いておるのだと云い、かつ思っておる。事実は明らかなる誤りであるがゆえに、他の者はそれを感受せぬのである。子のためにのみ働いておると思っておる人があるが、静かに反省するならば思い半ばに過ぎることであろう。親のため兄弟のためと思惟しておる人があるならば深き反省をしなければならぬ。かかる誤った考えはついには不満を生じ、争いを産み、喧嘩となり、腹を立てて、自分自身の苦しみとなるのである。そして他に苦しみを与えるものである。かかる苦労は皆お前のためであるのにと怒らねばならぬこととなる。悔やまねばならぬこととなる。たといそれが子を思う慈愛心からであったとしても、それは自分自身の楽しみと満足と安心と喜びとを予期しておることを自知してあらねばならぬ。

本当に世のため人のためというのは、本当に自分のためということであらねばならぬ。多くの場合において、家のため、子のため、社会のため、国家のためというその多くは、自分のために働く緊張味の出ぬ場合に動力を出す掛け声に過ぎぬのである。

かるがゆえに、本人以外のものは無自覚ながら本人の内心をちゃんと洞察し、看破し、直感しておるものである。それゆえに容易に真実なる感謝を捧げぬものである。高価に買ってくれぬがため、悩みと腹立ちとを起こすことであるが、それはもとより当然のことであって、他を責める前に自分自身の誤りを責めねばならぬのである。外に出た部分は美わしいけども、その内心に立ち入ってみるならば、一種の我欲から出ておるのである。

もし一度この誤謬に気づくならば、腹が立つということはほとんど消滅するであろう。たとい誤った瞋恚《しんに》に苦しむことがあっても、また止《とど》むることが出来ないとしても、自分の誤りであることを自知することによって幾分でも救わるるであろう。少なくとも己れの腹立ちの至当なものでないことだけは知れる。

この自分の誤りを知るならば、いたずらに怒ることをやめて、他がもし誤っておるならば説得することともなるであろう。云って聴かねば頼むという事にもなるであろう。自分のことであるならば頼むということは当然のことである。

自分自身の誤謬を正当なるものとして、他をいたずらに責めて腹を立てることは愚かなことである。おもむろに話して聴かぬならば、これは自分の問題として処決しなければならぬ。断然と処決することが出来ぬならば、他を恨まずして自分の弱きを恨まねばならぬのである。

ここにおいて、私は阿弥陀如来の因位であった法蔵菩薩の発願《ほつがん》のご精神を思わざるを得ぬ。法蔵菩薩はその出発点において我欲の満足を避けておらるるものである。これによって私共がいかに不純極まる心を有しておるかを反照させられることである。「不可思議兆載永劫《ちょうさいようこう》において菩薩の無量の徳行を積植《しゃくじき》して、欲覚、瞋覚、害覚を生ぜず、欲想、瞋想、害想を起こさず、色声香味触《しきしょうこうみそく》の法に著《じゃく》せず、忍力成就して衆苦《しゅく》を計らず、少欲知足にして染恚痴《ぜんいち》なく、三昧常寂《さんまいじょうじゃく》にして智慧無碍《むげ》なり。和顔《わげん》愛語にして意《こころ》を先として承問《じょうもん》し、勇猛精進《ゆみょうしょうじん》にして志願倦《う》むことなく、専ら清白《しょうびゃく》の法を求めて、もって群《ぐん》生《じょう》を恵利《えり》す」とあるのを見て、自分が人のためのごとく思いつつ、いかに自分の我欲満足のためにしつつあるかに慄然《りつぜん》たらざるを得ぬのである。

また、菩薩は十方衆生と呼んで、自分と他とを一つとして、別として見ておられぬのである。人のためと云うことを悉《ことごと》く自分のためとしておらるるものである。私共は不純でありながら少しでも他のためを思うとき、それを単に人のためであるとして、自分のためにしておるということを忘れている。そしてそれがために腹を立てる自分を恥ずかしく思うことである。

自分のためであるならば、たとい人のために尽くしたとしても、それを恩として他に要求することのあるべきはずはない。しかも恩を思わないといって、瞋恚《しんに》になやむことの愚劣であることを思わざるを得ぬ。

人のためにと願いつつ、それが純粋に人のために尽くせぬことを見るとき、またいかなることが真に人のためなるかを真摯《まじめ》に思念するとき、自分がいかに不明であって、自分の成せることのいかに皮相的であるかに驚きかつ悩むのである。それがために真面目に人を思うとき、私はどうしても如来に行かざるを得なくなるのである。

# 愛について

私は人を愛する。私には人を愛してやまぬ心がある。けれども私はほんとうに人を愛しておるのであろうか。

真に人を愛しておるのか、自分の愛されんことをねがっておるのであるか。

妻を愛しておると思っているのは、妻から愛されんことをねがっておるのではあるまいか。

また夫を愛するというのは、妻が夫から愛せらるることを期待しておるのではあるまいか。

同性の間にあっても、異性の間にあっても、他《ひと》を愛するということは、その人が自分の好きな人であるがため、その人から愛せらるることを望んでおるのではあるまいか。

愛という言葉は曖昧である。あまり普通に用いられておるがために、私には分からなくなるのである。人も自分もよく分かったことのごとく思惟しておるけれども、実は明らかになっていないのではなかろうか。愛するから好きになるのだとも思える。好きだから愛するとも思える。愛するから愛されんと願うのだとも云えるが、愛されんとしておるから愛するのだとも云い得る。

愛するということと、好きということは、同じ意味であろう。好きということは趣味である。一般に愛ということはもっと深味のあることとせられておる。単に好きということと真実愛ということとは違うようである。

人を愛しておるというが、その人の何を愛しておるのかが問題である。その顔であるか、容姿、動作であるか、その性質であるか、その肉体であるか、その精神であるか、愛しておるそのものは何であるか。単に自分の趣味に適するがために愛しておるとするならば、また自分のために便宜であるがため、有利であるがためであるならば、それは真実なる愛ということは出来まい。

愛にはいつも欲が入っておる。すなわち「愛欲」といわるるごとく、吾人の愛は常に欲である。欲であるがために、精神上においてか、事実上においてか、いずれかにおいて何かを得ねばやまぬ我欲の心がある。欲が伴っておる愛は不純な愛であって、それは神聖なものということは出来ぬ。

真実に人を愛するならば、その人の幸福であることを願うべきである。また幸福となるように尽くすべきである。しかるに普通に、愛は必ずその人から何かを得ることを望み、ついにはその人を奪わねばおかぬものである。たとい愛するものがいかに不幸に陥ろうとも、その人の破滅になろうとも、精神をも肉体をも奪わねばやまぬようになるのである。

それゆえ真に愛するというならば、自分を捧げてその人の幸福となるように尽くすべきである。すなわち奪うということでなくして、与えるということでなければならぬ。

普通にいうところの愛は、我欲なるがために、多くはその人の性質や能力や容貌を愛しておるのであって、その人自身を愛しておるのではない。すなわちその人の魂を愛しているのではない。ゆえに愛されるということは、金持ちが金を持っておるがため人から愛せらるるようなものである。その人を愛しておるのでなくして彼の金を尊敬しておるのであると同一である。それゆえそこに金持ちの悲哀があると同様に自分を愛してくれておると思っても、実は自分を愛しておるのではなくして、自分の所有しておる何かを愛しておるのである。そんな哀れな悲哀なことはない。愛するものもそれを知らず、愛さるるものもそれに気付かずして、真実に愛しておると思い、愛されておると思っておる。はじめは、双方ともに真実に愛し愛されておると思惟していても、年月を経るにしたがって、自然にこの錯誤が明瞭になってくるのである。そこに至って夫婦は限りなき寂寥《せきりょう》にかなしみ、愛人も路傍の人となり、相思の間にも破鏡の歎《たん》が起こるのである。

経典の上には、愛を煩悩の中に数えてあるのをもっともだと思う。愛欲といい、染愛といい、恩愛たちがたくといい、無愛を理想としてある。愛ということは、他《ひと》に対して心の動いてゆき、牽《ひ》かれてゆく働きであるとしてみれば、愛は洗練されて後に美《うる》わしいものとなるのである。

愛する心は慈悲とならねばならぬのである。慈悲というのは、いつくしみと、かなしむこころである。人を愛し、いつくしむがゆえに、人の苦しみを去らしめんとするのであり、人の苦に同情して楽を与えんとするのである。人を愛する心はその人の苦を除き楽を与えんとする心となるべきである。自己の欲念を満足せんがために、他《ひと》よりものを要求することではないのである。

その人を真に愛するならば、その人を損ぜぬようにせねばならぬのである。その人を愛するならば愛するほど、その人から苦をとり去らねばならぬ。その人の欠乏しておる心を満たさねばならぬのである。それでこそ真にその人を愛したというべきである。

真実に人を愛し、慈悲心をもってしても、それが単に皮相的であり、一時的であって、その人の魂が痛み悩むことを免れぬならば、それは愛の完成ではない。慈悲の満足ではない。ゆえに物質をもって一時の苦を救い充たすことが出来ても、その人の魂を永久的に救うことができねば、真に愛したということは出来ぬ。

経典の上に、愛を欲とし、煩悩として退けられたということは、それは愛の洗練であり、愛の完成を期してやまぬからである。

親鸞聖人が、「愛欲の広海に沈没《ちんもつ》し」と歎かれたのは、真に愛し愛せんとねがいつつ、欲に堕《お》ちつつあることをかなしまれたのである。愛は煩悩であり悪いことであるから愛してはいけないということではない。その人の魂を愛して真の幸福者たらしめ、生死を過度するにいたらしめたいという真愛熱愛となったのである。

「慈悲に聖道《しょうどう》浄土のかわりめあり、聖道の慈悲というは、ものをあわれみ、かなしみ、はぐくむなり。しかれども思うがごとくたすけとぐること、極めてありがたし」といわれたのは、真実愛すなわち慈悲の完成を期してやまれなかったなげきである。急ぎ仏になって、大慈大悲心をもって衆生を利益せんといわれたのは、何処どこまでも愛の完成を得ずんばやまぬ心のあらわれであり、結果である。

自分は人を愛していたと思い、自分の愛こそは真実なものであり、神聖なものであるかのごとく思惟して、直ちに自己の愛心を肯定しようとするのは、考えねばならぬことである。

真に愛せんとして、静かに自己を省みるならば、真実に愛し得ざることを悲しまねばならぬのではあるまいか。どうすれば真実に愛することが出来るかを考究せなければならぬのである。

仏心を大慈悲というのは、真実の意味において人を愛すということである。「仏心者大慈悲これなり」とはその意味である。人を愛しつつ真実に考えるとき、その完成の期しがたきに悩み、ついに大慈悲の仏心を知るにいたり、この如来に帰することよって、初めてその完成を期することができるのである。

如来の愛は、人の美なるがために愛し、醜なるがために愛せぬというのではない。その人の善なるがために愛して、悪なるがために愛せぬというのではない。その人の愚なるがために愛せぬというのでもない。かえってその醜なるがため、その悪なるがためこれを愛し、愚なるがためにこれを救わずんばやまぬ慈悲が燃えておるのである。そしてその人の上に常にその愛念と護念とが注がれ運ばれておるのである。

人間愛の中において、親の子を愛する心は、最も如来の愛と似通っておる。異性よりも同性の上に、より多く真実味が顕われておるようである。

同性よりも異性の上に愛心が強く動くからといって、単に強いものが真実であると速断することは出来ない。強いと云うことそれは事実であっても、愛そのものが真実であると云うことは出来ぬ。真実に愛するならば、いかにすれば真に愛する意味となるのであろうかを求めねばならぬ。愛の満足されぬ苦しみと悲しみは欲の満足されぬことであることが多い。

人を愛するならば、真にその人を愛するならば、その魂を愛せねばならぬ。その人の魂の救わるる道を講ずべきである。

自分の愛を仔細に検することを忘れてはならぬ。愛は洗練を遂げねばならぬ。そして自分が如来によって救われたごとく、その人の救わるるようにつとめねばならぬのである。

# 念仏

御念仏を称《とな》えて下さい。

私はここに下さいと申しました。それは私が願っておるのであります。私は称えなさいというよりも、称えて下さいと云う心もちでありました。それは容易に称えて下さらぬと思うからであります。あなたは、いろいろな悶えと苦しみをかかえて、不安に住しておられるのであって、そして救わるることを希《ねが》っておらるるのであります。その御心の中を察して実に同情にたえぬのであります。同情しておりますけれども、私にはあなたを救う力がないのであって、それがために私はお念仏を称えて下さいと願わずにはおれぬのであります。すなわち現在に悩みをかかえておらるることを知り、かつ見ておるということは、私の苦しみであります。それゆえ是非あなたが救われて平安なる御心になって下さるることを切に願うからであります。そしてそのためには御念仏が、きっとあなたを救いたもうことを信じて疑わぬのであります。

御念仏の尊いことであるということは聞いておるが、心から称えたくならないのを無理に称えて何になる、有難くも思わぬのに称えるのは、偽りではないかと申さるるでありましょう。それよりも真に有難くなってから称えようと、思わるるだろうと思います。しかし、私はどうしても、御念仏を称えて下さいと頼まざるを得ませぬ。御念仏の意義やいわれは、追々にお聞きになればよろしい。

わけが分かっても分からなくても、自然でなくても、それが感謝でなくても、どうでもよい。あなたには苦しいということ、救われたいという念願のあることは事実であります。さすれば救わるる道ゆきとしてお念仏をお称えになればよろしいのです。

御説法を少々始めましょう。弥陀は名をもって物を摂すという古聖の言葉があります。何になるとか、偽りであるということは、あなたが自分自身に何かと考えていていわるることであります。何になるならぬは行なってから云えばよろしい。称えずにいて、何になるといっておっても始まらぬことです。

「となえ易くたもちやすき名号を案じいだしたまいてこの名号をとなえんものをむかえとらんと御約束あることとなり」と聖人は申されています。まず称えていて、そしてその意義をお聞きになるのがよろしいと存じます。

仏は何処《いずこ》に。如来とはいかなるものなりや。如来を知りたいとおさがしになることでありましょうが、我は衆生を救わんがため、我は我が名の上にあらわれて汝に接せんと誓われたのだそうであります。それゆえに南無阿弥陀仏と称える名号そのものが、如来であり仏であるのであります。それは救いという心的実験がそれを証明するのであります。名に不思議の徳をあつめたと申さるるものであります。それは内的経験者のみ知ることを得るのであります。

御念仏を称えることは、如来と親しく対面することであります。如来の光明を仰ぎ、光明の中に自分を見出すとでも申しましょうか。日常生活において念仏を忘れて、称えていない時には、私はきっと如来に背反して暮らしておるのであります。それは自己単独の生活、自力の生活であります。本来人間というものは単独に自力的には進んでゆけないものなのであります。しかるに人々はあえてそれをやっております。それゆえ何事にも行き詰まって、悩まねばならぬこととなるのであります。それがため救いを求めて如来に行かんとしつつも、しかも教えらるる念仏をせぬということは、何としたことでありましょう。「弥陀仏《みだぶ》本願念仏《ほんがんねんぶ》、邪見憍慢悪衆生《じゃけんきょうまんあくしゅじょう》、信楽受持甚以難《しんぎょうじゅじじんになん》」とありますが、皆邪見と憍慢のためにどうしても信じられず称えられぬのであります。念仏せぬ時は、常に苦しみかつ悩んでおる時であることを発見いたします。如来に背中を向けていては、光明に接し光明を拝することはできませぬ。進んで行っても前途は常に暗いばかりであります。自分の影の闇黒のみを追って進んでおるのであって、光明が後ろより指していても自分の前面はつねに闇黒であります。自分はどうしようか、自分はどうなるのであろうか、こうもしようか、ああもしようか、と自分の悶えが産んだ自力的の考えのみに困るのであります。邪見と憍慢と悪の衆生は信楽受持すること甚だもって難し、難中の難と申されたのもこういう訳を含んでおるのでありましょう。

私共は、念仏によって救いの仏を知るのであります。念仏を称え、如来と対面しつつ、如来本願の願心を聞くのであります。如来の願心は念仏の上にあらわれておるのであり、念仏は如来の願心よりいでたものであります。

念仏は如来の慈悲のあらわれであるがゆえに、念仏するところに如来は常におわしますのであります。聖人は歌って

南無阿弥陀仏をとなうれば
この世の利益《りやく》きわもなし
流転輪回《るてんりんね》のつみきえて
定業中夭《じょうごうちゅうよう》のぞこりぬ
山家《さんげ》の伝教大師は
国土人民をあわれみて
七難消滅の誦文《じゅもん》には
南無阿弥陀仏をとなうべし

など、「南無阿弥陀仏をとなうれば、南無阿弥陀仏をとなうれば」と幾度もその功徳を讃嘆し歓喜《かんぎ》しておらるるのであります。

禅宗には公案というものがあるそうです。真宗には公案はありませぬ。念仏は私共にとっては公案のごときものであります。如来の慈悲心より伝えられたものであって、初門の人もこれを称え、真実信心の人となっても念仏しつつ、どこまでも離れずに喜びつつ持してゆくのです。称えつつあるこの念仏は、自分が用い、称えておるのではなくして、この念仏が真に如来となって、自分を救って下さるまで聞法するのであります。

念仏さえ多く称えておれば助かるように思っているのは誤りであります。ただ称えては助からざるなりと、蓮如上人は申されております。けれども称えぬでもいい、称えるなと申されたことはありませぬ。いずれにしても称えるのであります。称えるのであるが、これを仕事として称えているということは、それは仕事であって、ちっとも救われておらぬからであります。

念仏とは仏を念ずることであります。仏を念ずるから称えるのであります。称えるということは念ずることであります。念ずるから信ずるに至るのであり、信ずるから救わるるのであります。

どうかお念仏を称えて下さい。考えておらずに、躊躇せずに、称えて下さい。
念仏すれば心の中に光がさします。称えれば念仏が私共を信に導いて下さります。
念仏して、念仏をたどって、念仏の意義を聞くうちに、お念仏は次第次第にその光を増し、念仏が私を救い、念仏が、私の生命となって下さるのであります。

私は、時に念仏する人を嫌に思うことがあります、それは念仏が嫌なのではありませぬ。念仏しておるその人の心が嫌なのであります。それがために念仏せらるると、顔を背《そむ》けたい心地がするのであります。その人は念仏を尊び喜んでいるのでなくして、念仏という尊いことをしておるとか、念仏を喜んでいるぞという心があらわれて嫌なのであります。ただ何となく称えておるのは何となく尊い心地がいたします。それは御念仏だけに接するからでありましょう。その人が念仏を尊び喜んで称えておるのならば、その尊さにうたれざるを得ませぬ。己を忘れて如来の前に喜んでおる姿を見て、誰が喜ばずにおれましょう、尊ばずにおれましょう。

大きな声でもよいが、小さい声でもよろしい。大きな声で称えた方がうれしいならば、それもよろしいでしょう。けれども大きな声で称えて、称える声の調子やリズムに酔わんとするのはいかがなものでしょう。念仏というのですから、念じうるならばよいのです。たとい口に出さなくとも念仏であります。けれども内に在るものは外に出ねばやまぬのであります。念仏とは口に南無阿弥陀仏と称うるのみにあらず、当流には弥陀をたのむが念仏なり、と蓮如上人は申されています。

私はつねに、あまり念仏をすすめることをいたしませぬ。それは念仏する人の多くが、念仏を称えることに止まって、念仏の穴に這入《はい》り込んでしまって、如来の御心を受け容れようとせなかったり、口に称えることはもっとも簡単であるからこれをとり、他の複雑したことは聞きたくないと、自分勝手に簡単をのみ賞玩して、念仏の徳を小さく局限してしまわるるものが嫌だからであります。如来の願心は念仏を知らしめ称えしめんにあり、念仏は如来の願心を知るにあるのであります。

自分の称えさして頂いておる御念仏の聖意は、いかほどもいかほども知りたいことであります。如来深重の旨を味わいたいことであります。法然上人は、

しらせたや　南無阿弥陀仏の　ふかき理を
とてもとなうる　人のこころに

と歌われたそうであります。

「南無阿弥陀仏という文字はその数わずかに六字なれば、さのみ功能のあるべきともおぼえざるに、この六字の名号のうちには、無上甚深の功徳利益の広大なること、さらにそのきわまりなきものなり」と、蓮如上人は讃えておらるるのであります。

称えてさえおれば、何もしなくともいいというのではありませぬ。考えずともよい、聞かずともよ

いというのではありませぬ。称えておれば御念仏が自然とあなたにいろいろのことを語り、いろいろのものを持ち来たし、あなたを光の中に導き、あなたをすくい、現在においても、未来に対しても、永久に光を与え、平安を与えらるるようになるに違いありませぬ。そしてその光の中に生活することができるようになるのであります。

私はこの頃とりわけしみじみ御念仏を有難く称えております。どうぞお念仏を称えて下さい。

# 老人道

一、同じく仰せに、「何事をも思し召すままに御沙汰あり。聖人の御一流をも御再興候て、本堂御影堂をもたてられ、御住持をも御相続ありて、大阪殿を御建立ありて、御隠居候。然ればわれは『功成り名遂げて身退《みしりぞ》くは天の道なり』ということ、その御身《おんみ》の上なるべき」よし仰られ候。（『蓮如上人御一代記聞書』一六四）

一

「喧嘩をして家を出たのですな」

「そうでもありませぬ」

「イヤそうでしょう」

「マアそういえばそうです」

「うかうか出ると行く所がありませぬぞ」

「末の娘の家に来ておるのです。八十日ほどになりますが一年も経つように思います。……米は国の方から送って来ます。息子からは時々帰れ帰れと云って来ますが、嫁からは云わぬらしいのです」

「罪の報いでしょう、悪心の報いでしょう。あなたも若い時分に姑《しゅうとめ》につらく当たったのでしょう」

「それはそうです。私も姑を邪魔にして随分つらく当たりました。三年程はそうでもなかったのですけれども、それからは実のところ、嫌で嫌で仕方がなかったのです。それでその罰だと思わぬこともありませぬ。しかし、私の嫁はあまり飽きようが早いと思います」

「それだけではなく、あなたには嫌わるるだけの悪いところが沢山あるのでしょう」

「イヤそれだけです。他には別段自分が悪いことをした覚えはありませぬ。腹を立てることもたまにはありますが、これと云って悪い心はないつもりです」

「あなたは仏法を聞いておりますか」

「毎度聞いております」

「耳に聞いておるのであって、心に聞いておらぬのでしょう……その心で帰ってもやはり同じことだから、まず帰らぬ方ががよろしい」

「私もそう思います。私が頭を下げても向こうが変わらねば同じ事です」

「その心で帰っても、また喧嘩をして出ねばならぬようなことを繰り返すだけの事です」

「私は夫を早く失いまして、一人で大変苦労をして、やっと息子らを育て上げ、家を建て直してきました。それに息子は直ぐ私を棄ててしまうのです」

「姑に辛くしたその時の心が続いており、我慢でやってきた心が今日まで続いているのに気がつかぬのですか。そしていろいろの悪い心、誤った心が年と共に一年一年深くなっているのに気がつかぬのですか」

「どうせまた嫁にも報うでありましょう、私の今のように」

「そんなことが何になります。他に報うたとて今のあなたの苦しみが減るではなし、そんな愚痴をいっていて何になるのです。他人を呪って胸を撫でる心、それは恐ろしい罪な心です……自分の悪心に気づかずに人の悪を喜んでいて何になります……あなたは、置いておるということが分からぬのですか。あなたは若い時に苦労をした報酬を得ようと思っているのでしょうが、それは自分が主人であった時分に十分得てしまっておるのですよ。出ればおる所のない自分ということが分かれば、家にあっても日常生活の上に万事が大いに違って来るはずです」

これはある時、信仰の話を聞かしてくれといって来られた一老婆との対話の一節である。その後その人は大変活き活きした顔をして喜んで来られたが、これとほぼ同様な嫁と姑の問題を聞かさることが毎度ある。私はそんな話を聞かされるごとに老人の悲哀を感じて気の毒に思うのである。

嫁と姑との問題は、諺のごとく最も普通なことであるけれども、老爺《おやじ》と息子の関係においても、これと同様な闇闘《たたかい》が始終どこにもあることと思う。これは老人と若い者との理解がないためであろう。もっとも若いものにおいても多くのわがままと無理解もあるであろうが、多くの老人は無理解なわがままを考えておるものであって、それがために、互いに苦しみつつ悲哀な月日を送っておるのを見ると、同情に堪えぬことである。これを蓮如上人の「功成り名遂げて身退くは天の道なりとは我が身の上のことである」といっておらるる態度と比べれば、雲泥の相違である。

## 二

蓮如上人が幼少の時から非常な苦労をしてこられたことは、人のすでに知るところである。六十余歳で一度相続を譲られ隠居せられたが、嫡男に死なれて再び家を持ち、やっと七十五歳に及んで相続を譲られたことである。それから考えてもいかに一代が苦労であったかが知らるることである。そして隠居してから八十二歳で大阪に寺を建立し、八十五歳の時まで山科の本寺と大阪とを往返《おうへん》してなお働いておられたのである。けれどもそこには家庭の衝突というようなことのなかったことは、身退くといっておらるる一言で推察できることである。

## 三

「功成名遂げて身退くは天の道なり」ということは古人の言葉である。功成り名遂げたというのは、自分の一代になさねばならぬことはなしたという満足の喜びである。しかるに普通の老人には満足の心というものがない、すなわち安んずる心がない。それがためいつまでも自分の心に家庭や事業の執着心が去らぬのである。心の満足と安心とはこれを別に求めねばならぬのである。

身退くと古人は云われたが、多くの人は身が退けぬのである。退くべき時に退かぬがため、一代の苦労も水泡に帰して自己の禍いとなるのである。退くということは口ではいうが実際はなかなか出来難いものであって、身は隠居しても心はやはり退かぬ。時々あるいは常に、口に出し、手を出さずにはおられぬのである。それでは退いたのではなくて、退いた風をしているものであるから、退かぬ以前よりは邪魔になるだけなお悪いのである。

女には三従《さんしょう》ということがある。幼にしては親に従い、壮にしては夫に従い、老いては子に従うという、あに女ばかりではない、男も同じである。若き者に譲ったのであれば従わねばならぬ。しかるに退いたといって、依然としてその主権時代と同様に権威を保ちたいという未練心と執着心とがのかぬのである。後継者はそれがために迷惑をすることである。退いたというのも本当に退いたのではなく、多くは責任と義務とを回避するのである。自分に都合悪い時は隠退しておるからといって逃げる利己主義者である。局外者のごとき風をして実は依然実権者であろうとする。己れは主権者たる我が子の親である。我が子の今日あるのは己れの力であるから己れは自由を得ねばならぬ。治外法権であって、実権者以上の者であろうとする利己主義者である。

自分の余力を足してやろう、彼の足らざるところを補ってやろうとせずに、何かを出来るだけ多く取ろうと考えておる。そしてそれが思うように取れぬときは憤懣《ふんまん》するのである。

## 四

蓮如上人はそうではなかった。隠居をしてからも道のために尽くし、本寺のためには常に尽くされたのである。七十五歳で隠居をしながら、八十二歳で大阪に建立して、八十五歳の最後までその道のために尽くし、本寺のために及ぶだけを補い助けられたのである。一生涯の尊き経験をもって助けてくれる老人であるならば、家の中に老人ほど大切な有難いものはないのである。どうしてこれを喜ばずにおるものがあろうか。

道は須臾《しゅゆ》も離るべからず、離るべきは道にあらずという。蓮如上人は道と離れず道を尽くされたのである。しかるに多くの人は老年に及ぶと道と離れてしまう。もう私は用事を終えたものである。これからは己れの好きなように暮らさしてくれねばならぬと、一代の収穫時期に入ったように心得て、道と離れてしまおうとするのである。かくのごとく道と離れてわがままを起こす無益有害な者が、家庭の中に存在するとしたら、誰だって厭わぬ訳にはゆかぬ。

## 五

信仰上においても、我はもう埒《らち》があいた、信心を得たと安心した時に道と離れるのである。道と離れた時には再び苦しみと悩みの種を蒔いておる時である。そして当てが違った、こんなはずではなかったと泣くのである。

念仏の一道は一生涯、命のあらん限り離れてはならぬ道である。老いては老人の道がある。道を離るれば苦しまねばならぬ、それは当然のことである。

私は若いがために老人の悪口をいい、我田引水の論を弄《もてあそ》ぶのではない。一つは老人の悲哀を目撃して同情に堪えぬため、一つは若き者もたちまちにして老人の群れに入るのであれば、自分のためにもこれを若き時より心がけておかねばならぬと思うからである。

「当年は八十四歳まで存命せしむる条、不思議なり。まことに当流法義にもあいかなうかのあいだ、本望のいたりこれにすぐべからざるものか」と、晩年まで一生涯、道を楽しみ、長命したることを喜んでいらるる蓮如上人のごとくあらねばならぬと思う。老苦を歎いたり人を恨んだりせずに、平和な家庭に法悦の老年を送り迎えてこそ生き甲斐があるというものである。

# よろこび

世の中に何が不幸だといって、喜びをもたぬ心ほど不幸なことはない。

私はある時、人と談じていたところがその人は喜べぬ喜べぬといっていた。その人は今日まで生活について不自由を感じたことがない人である。そして信仰を求めて喜びたいといっていたのであった。

「あなたはものを有難いと思ったことがありますか」

「ありませぬ」

と明瞭に答えられた。

「親に対して、今日までの恩を有難いと思いませぬか」

「思いませぬ。理屈では有難いと思いますが、真実に有難いと感じたことはありませぬ」

「夫の親切を有難いと思ったことはありませぬか」

「ハイありませぬ」

「友人の厚意を有難いと思いませぬか」

「思いませぬ」

「それでは、下女の働いてくれるのを有難いと思いませぬか」

「思いませぬ」

ときっぱり答えるので、私は驚いた。そしてその人の顔をしばし眺め入って、

「あなたは何という気の毒な人ですか」

と覚えず声高く叫んだことである。


大なることが喜べなければ、小さいことにはなおさら喜べぬ。小さいことは喜べずとも、せめて大きなことだけなりとも喜びたいものである。大きなことが喜べぬならば些々《ささ》たることになりとも喜びたいものである。喜びを感ぜられない人ほど不幸な人はあるまい。それは最大の不幸である。かかる人はいかに恩を受けても感じ得ない人である。いかに富裕に、いかに不自由なき生活の中に包まれても、冷たい中に棲んでいる人である。温か味のなき生活である。砂漠のような心、荒地のような生活、これを心田の枯渇というのである。

かかる人は一切のことを当たり前だと思っているのである。当然だと思っているがために親のおかげがあっても、人のいかなる心尽くしがあっても味わってみたことがないのである。夫に対しても、妻に対しても、友に対しても、子に対しても、誰に対しても、同様に当然だとのみで通過してしまう

のである。そして喜びをもたぬ心は常に不満足を免れぬがために、いかほどでも多くのものを要求してやまぬ心である。そして心は常に不足と不満に満ちておる。その心の状態は決して幸福者ではないのである。その心は貪欲心に満ちておる。貪欲を去れよというのではないが、それは必然貪欲の苦しみと悶えを享受せねばならぬ憐れな人である。

かかる心は自我心の強いためである。己れは自分のなすべきことをなしておるという自信を有しておるのである。かかる自信を立場として物を見て、常に自分を価値づけておるがために、初めより人は我に対してかくあらねばならぬと定《き》めているのである。そして自分の価値を真実に調べてみたことがないのである。しかも他に対しては始終大なる要求を有しておって、それが与えられぬために常に悩んでいるのである。

その人は自力心の強い人であって、何事をも自己のなした結果であると思っている人である。他の力によってきたことでも自分の努力した結果であると思惟する人である。何事によらずこれを自力の結果に帰してしまうほど憐れな誤りはない。

事物の絶対的の価値を知らぬのである。すなわち真の価値が分からぬのである。無論、自分の本当の価値を見る眼をもたぬがためであって、常に自分を買いかぶっておるのである。かかる人には周囲から来ている恩というものが見えないのである。

他力信念には感恩の心が湧いてくる。感恩の精神を養成するのではない。感恩の思いを強いられておるのではない。ただ感恩の精神を有する者は幸福なのである。

仏恩報謝の心はあにただに仏に対するのみでなく、一切に対しても恩を感じうる心である。恩を感ずる心は自然に恩を報ずる行為となる。その行ないはそのまま幸福である。

# 財界の動乱について

人はあがりあがりて、おちばをしらぬなり。ただつつしみて、不断そらおそろしきことと、毎事《ことごと》につけて心をもつべきの由仰られ候。（『蓮如上人御一代記聞書』一七二）

経済界の恐慌がついに来た。

財界の一隅にあらわれた一片の黒雲はたちまち一天に漲《みなぎ》る黒闇となり、いつ晴るべくもなき状態となった。人心は深まりゆく暗澹たる不安に閉ざされ、どちらを向いても、青雲一つ見出せぬ梅雨空《つゆぞら》の鬱陶《うっとう》しさにも似て、心の塞がるばかりでなく、降りやまぬ雨に大洪水の災害を恐れ待つような心もちを抱かねばならなくなった。

来てしまった事をいかにかこっても仕方はない。出来るだけの処置を講ずるよりほかはないが、一方、静かに過去を省みて現在の状態より一大教訓を得ねばならぬと思う。欧州戦乱は有史以来の大悲惨事であって、全世界の大部分が五ヶ年間、血をもって戦い、生命と財産とを尽くして、そして一日の生活にさえ呻吟《しんぎん》しておったにかかわらず、一方においては千載一遇の好期逸すべからずとして、すべてが財を獲《う》ることにのみ熱中し、栄華を極め、歓楽に酔って停止するところを知らぬ状態であったことは、それが自然の趨勢であったにせよ、それは必ずしも合理的状態ということは出来まい。それが単に自然の状態にとどまらず、数年間にわたる吾人のあの心の挙揚と浮華の状態は、たとい今日の窮境に呻吟しておる人々でも、振り返ってみれば思い半ばに過ぐるものがあるであろう。千載一遇の好期は千載一遇の不安をもちきたした。

急転直下、恐慌は見る見るうちに拡がってしまい、種々な方法が講じられたのであるが、それが何の功もなく大勢は進みたいままに進んでいった。人為によって幾分のことは出来ても、大勢は動かすべからざるものである。不可抗力なるものである。いかんともすべからざるその大勢は、それは要するに人々の心の産出物に過ぎないのである。好況を呈して上がりに上がったのも、楽観しておった人々の心の集団の結果にすぎない。人の気が上がり上がっておったが、一方すでに不安は人々の心の底に胎《はら》んでおって、次第にそれが漲《みなぎ》っておったのである。危ない危ないと言い出しておった矢先に、一つの兆候が見えた。その片影を見て人々は、そら来たと思った。驚いた、恐れた、警戒した。この人心の恐れと萎縮はいよいよ伝わってここに人気の消沈をきたしたのである。大勢ではあるが、この心の集団がついに手も足も出ぬ窮況に陥れたのではないか。さすれば人心は大事である。現在の状態が平静に趣き調節がつくとするならば、それは一般の人心が、ある程度に落ちついた時であらねばならぬ。方法を講ずるばかりで人心が調整するものではないと思われる。人心の動乱は財界の動乱を招いたのである。

かつてある人が相場に手を出して、五万円の財産の内三万円をすってしまった。それがため自殺したことがある。これは事実の話である。知れる人々は皆馬鹿である、小膽《しょうたん》であると笑った。妻と一人の娘と自分との生活を持続するに、残りの二万円は決して生活の不安にせまったのではない。けれどもその人の心の中を察すれば無理はないのである。なぜならばこの人にとっては家内三人の生命を五万という金の中に守り込んでいたのである。願わくばこの宮殿をもっととり拡げたい欲心から手を出したのである。五万円の中には自分の生命も妻子の命もはいっておったのである。その五万円がぶち壊されて二万円となったことは彼の生命の破壊であったのである。だから死んだに不思議はない。名誉で生きておる人は名誉を傷つけるような事が起こったら死なねばならなくなる。自分を真に愛し、その安泰を希《ねが》うならば、うかうかと外物他物の中へ頭を突っこんでおってはならぬのである。我が子に魂をうち込んでおる人は、子供が死ぬと同時に自分の魂も破壊される。それがため死なぬまでも発病したり発狂したりする。財界の動乱に際しても平生より財産というものに自己の魂をうち込み、それを命として生きておった人は、財産の破綻とともに精神も破綻して発病したり発狂したりすることが少なくはなかろう。平穏なる時には他のものに魂をうち込んでおる事も好さそうであるけれども、それでは他の物の変動によってつねに悩まされねばならぬこととなる。我は常に独立独存してあらねばならぬ。彼らに隷属しておってはならぬ。彼らをして常に我に隷属せしめてあらねばならぬ。

財界の変動によって、とり乱したるこのありさまはどうしたことか。止むを得ぬこととは云え商業はもとより戦場ではないか。人心の本性は事変に際して現わるるものである。平生の用心と人格のほどが思いやらるる。一寸《ちょっと》成績がいいと、直ぐにうぬぼれて意気揚々となり浮き調子となり、急変に際会してはたちまちにうろつく魂の姿、その姿は個人としてもあまりである。国としてもあまりである。どうか苦しいは苦しいとしても、私の知れる人々のみは、心をたしかに、とり乱さずに、成るべく平気に、この場を処理してほしいものである。未知の人々にあっても同様に、各人が心を落ちつけてこの窮境を処理してほしいと念じている。一人ひとりの精神はやがて一般の心となってあらわれゆくのである。そしてこれまでおろそかにしておった問題に気づいてもらいたい。現代人の欠陥があまりに見え過ぎるではないか。

人生にはこれ以上のひどい事がやってくるかもしれんのに、あまりに太平過ぎていたのである。あまりに落ちつきすぎていたからこんなことになったのである。財産を失ったからといって、我が子一人を失うよりは軽いではないか。我が生命の問題では無論ない。一勝一敗は人生の常である。苦しみは標準のいかんによって軽重するものである。重大視しすぎてはならぬ。

金を多くもっておったなら安心であると思っておったのは誤りであった。

多く儲けたのが幸福だと思っていたのも誤りであった。多く儲けた人ほど大なる苦しみを受けておるようである。

贅沢を尽くし得た人ほど落ち目が苦しいであろう。されば とて、少なくて甘んじておることが好いこととは限らないが、少なくとも金により物質によって究極の安心の得られぬことは学び得たであろう。あまりに物質的になり過ぎていたのである。

かえり見れば、数年前には三十銭の米価から血を見るほどに騒いだのが、ついには六十銭以上の米価でさえ生活難の声を聞かぬようになった。馴れるということは面白いものである。人々が驚かぬようになったのである。随分苦しい人もあったのだが、それを託《かこ》つことさえうるさくなってしまったのである。一面にはすべての物価が上がってしまったから、そこに調和がついた辺もあったであろうけれども、困る困ると言う事に飽いたのである。

商人は買いさえすれば儲かるといっていた。いくら値をあげても買ってゆく、それは必要品なるがゆえに仕方なく買ってゆくのである。贅沢品も高いほど売れてゆく。金のあるものは、ああまた上がったかと思うだけで、金というものの価値標準を忘れてしまったようである。

物価はどこまでも昇騰してとどまるところをしらぬ。商人は今がつけ込み時という顔で、また上がりました上がりましたと極めて平気である。一般はただはいはいと黙しているより仕方がなかった。利得の取り込み時という風があった。私の日記に「人々よ余りに欲に幻惑されている。やがてその報酬として泣かねばならぬ時がくるぞ」と書いてある、その時が来た。

世界はまわり持ちである。月給生活の人々は商人を羨《うらや》み商人を呪っていた。今日では月給生活の人が結句安気になった。

物の価《あたい》というものは人間が勝手につけたものであって、一握《あく》の野菜でもそれは無価の尊さをもっておるのである。私共が価によって物の価値をきめておったのは誤りである。野菜一束の価が暴騰したが、それでも求めねばおれぬことによって、これを軽視しておった謬見《びゅうけん》を知らされたことである。必需品が安価であった昔を感謝せねばならぬのである。それは暴騰から得た教訓である。

労働者の待遇問題によって労働者の価値の尊いことが教えられた。人間の労働にいかほどという価値を限定し評価することの誤りであることが分かった。女中となって働く人の欠乏によって人間労働のいかに尊いかが知られ、労働者によって会計事業の成立があったことが分かった。問題の起こるたびに吾人は、新しき眼を開かれてゆく。されどその機に乗じて、売れるだけ高く売らんとしたり、団結して自己の利得のみを大にせんとした傾向は決して喜ばしきことではなかった。

資本家、すなわち雇用者の反省すべきことも多かった。資本家の労働者を奴隷視していたことは誤りである。君主然として臨み、我は尊きもの、彼は卑しきものとして冷遇したのは謬見《びゅうけん》であった。労働者も資本家も互いに尊いのである。互いに恩人であることを知らねばならぬ。大いに威張って脅迫的傾向さえあった労働者も今日のように減員解雇せらるる悲運に立ち至っては、呪われたものも困り、呪ったものも共に困る悲運に際会せねばならぬのである。こうなってみると呪われた資本家もあわれな状態であって、呪うほどのことでもなかったのかもしれない。

買う者の尊く売る者の卑しきにはあらず。また買うものが強きにあらず、売るものが弱きにもあらず。材料の欠乏によって買う者の弱く、売る者の強き感をきたしたのは過去の謬見を一掃した感がある。買うものは提供者によって助けられ、売る者は買う者によって生計を営んでゆくのであれば、当《まさ》に相敬愛すべきである。有無相通《あいつう》ずべきであった。暴騰によって買う者の高慢心が壊崩《かいほう》されたごとく、暴落によって売る者の慢心がぶち砕かれた。

精神労働者と筋肉労働者とを比較するならば、筋肉労働者よりは精神労働の方が尊いことは否むわけにゆかぬ。しかるに問題の声が高くなったにせよ、筋肉労働者の待遇が精神労働者以上になって、この両者の権衡《けんこう》が正当でなかったのは一種の変調といわねばなるまい。

随分誤りのごとく見えておったことも多かったようであるが、大観すれば皆それぞれによかったのである。労働者が永く奴隷視されておって、低級な生活のみに甘んじておらねばならなかったのに、自他ともに多少ずつ自覚して虐《しいた》げられておらなくなったのも好い。低い生活であったのが妻子とともに、たとえそれが数年にせよ、多少のしたいことをし、食いたいものを食い、見たいものを見、着たいものを着、多少の金を懐《ふところ》にしたのも、実に皆よかったことである。

百姓は金時計が持てぬというきまりはない。縮緬《ちりめん》の帯をしてはならぬという事はない。巻き煙草《たばこ》を呑めぬということはない。千載一遇、米価六十銭のときに際会して、普通市人のなすことをやってみたのもよかった。

小成金《しょうなりきん》が出来て、大資産家より乗れぬと思っていた自動車を飛びまわしたのもよい。贅《ぜい》を尽くしたのもよい。

あまりに人間は定《き》められた範囲の生活に甘んじて縮み込んでおってはいけないのである。それぞれによかった。けれども自分の心のあまりに浮華《ふか》に酔っておったことに醒めて、今日のごとく恐慌が来た時において、相当に処置してゆくべき力をもたねばならぬのである。あまりに贅沢生活に馴れたがために、この悲運に困り過ぎるようではならぬと思う。一上《じょう》あれば、一下《げ》あり。過去のことを後悔せず、過去は過去として、今日は今日に処してゆく覚悟が大切である。金はいくらででも生活はできる。家庭のものが目醒めて心を一つにして深く決心するところがあるならば、さほど悲観せずとも生活してゆけるに相違ない。憂うべきはただ過去の夢がさめずして、その夢の再現と継続を追う心があるならば、それは個人の困るばかりでなく、国家もともに困ることとなって、そして個人の苦しみもまた深まりゆくであろう。

人生は動乱つねなきところである。動乱につぐに動乱をもってすである。三界《がい》不安、猶如火宅《なおかたくのごとし》である。財界変動の声一たび伝わって以来、社会は火事場のようである。見えざる火が、あちらにも、こちらにも燃え上がる。人々は四方より駆けつけて消防に努力した。他の家の焼けるばかりでなく自分の家の類焼の危うさをいかにするかである。どこもここも不安である。

動乱に大小こそあれ、波浪に大小こそあれ、波の打ちよすることを免るる事は出来ぬが、これを打ち超え、打ち破りて進む気力がなければならぬのである。

# 善悪になやむ人に与う

例のあなたの苦労性は、精神上にも身体上にも苦しみを与える原因であると思われます。自分の苦に病んでおることのそれが、なんであるかを内に調べてやることが必要であります。それは、ちょっと分かりにくい事でありますが、注意しておると分かってくるものであります。「ただ何となく」といっておるのはよろしくないことです。何ゆえに苦しいのか、何ゆえ面白くないのか、何ゆえ淋しいのか、その正体が分明せずしては治療の方法に取りかかれるものではありませぬ。

原因がわかれば、その原因となることについて相当に取るべき道が考えられます。そこに信仰的解決も得られてきましょうし、したがって雲は去ってゆくのです。この心がどうしたら治るであろうかと求むるに先立ちて、何に苦しみ何を煩っておるのであるかを研究せねばならぬことであります。前後を誤ってはなりませぬ。それでないと道を聴けばきくほど苦しくなります。どうしてよいかが分からず、いよいよあせって、いよいよ心はもつれるばかりであります。ついには生き苦しくさえなります。お念仏は現在に生きてゆく力であり、信は生き苦しさから生きかえる道であります。

初夏の新緑は生き生きとして栄え、大地に潜んでおった気力を心ゆくばかりにあらわしております。まことに潔い姿であります。けれども、それが弱いものにあっては外界の潑剌《はつらつ》たる元気にかまけて、かえって精神が憂鬱になりやすいのであります。考え込んだり悲しくなる時であります。梅雨の時季に入ってはなおさら滅入って敗北者の気分になり易いのであります。精神の力は強くあらねばなりませぬ。

如来の照護のある世界であります。未来的にも必ず救うの本願があります。本願は三世にかがやいてあります。「何もくよくよすることはないぞ、弱い汝は我を念じつつ、進め進め」との御ことばが南無阿弥陀仏であります。されば私どものなすべきことは自分の精神についても、自分の行為についても、断じて心配せぬことであります。しかるに愚かなる吾人はまたしても仏のこの誓いのあること、現に光に護られてあることを忘れて、かれこれとはからいの心を起こしていたずらに苦しみなやむものであります。善悪ということ、是と非、幸と不幸と、何事についても小賢しく分かったように心得て、しかもそれに恐れ悩み煩うのであります。世間にいう、いわゆる道徳からいえば善だ悪だと一々に考えてゆくことは善さそうな事でありますが、本当に分かっておるんでしょうか。また実際に実行ができておるのでしょうか。もしも真剣にそんなところへ頭を突っこんでゆくならば、いよいよつとめていよいよ苦しみ、我が身の不如意、我が心の不如意、我が力の弱きになやんで泣くよりほかはないのであります。ついに世を呪い、人を呪い、我が身を呪って、それは自殺をねがうに至るより仕方がありませぬ。だから善い悪いということにのみ思いなやむのはよきことのようであって、実は如来の御本願にそむいているのであります。罪これより大なるはなしです。自分を苦しめ、引いては他のものまでを苦しむること、それが何で善であり徳でありましょう。浅ましいというなら、これがもっとも浅ましい事ではありませぬか。聖人は、

弥陀成仏のこのかたは
いまに十劫《じっこう》をへたまえり
法身《ほっしん》の光輪きわもなく
世の盲冥《もうみょう》をてらすなり

と歌っていられます。
自分の心や行為にばかり眼をとどめずして、尽十方《じんじっぽう》にみちたまえる慈光を仰ぐべきであります。

大胆におなりなさい。仏様は手を叩いて喜ばれます。なれぬと申されますか？　それは力んで一つやって見ようかなどとつとむるからであります。善だ悪だ、幸だ不幸だ、利だ不利だなどと、何も分かりもせぬくせに、またやれもせぬくせに、困って手を焼いておるくせに、しぶとくも不明なる自分の考えを、正しいなどと力んでおるから依然としてやれぬのです。そこが自力ばなれがせぬから他力が信ぜられぬというのです。自力が自分を救わんとし、切り開いてゆこうとする智恵の剣で切腹しているというものです。生きてゆきたいと願いながら自殺しているのです。仏を仰いで摂護《しょうご》を念《おも》うと

き、仏力それが力となって大胆になれるのです。

過去になしたことの一切、それを罪とせずに護ってやるというのです。現在の内に起こる心、及び外にあらわれてゆく行為、それら一切をゆるして摂取してやるというのです。またこれから将来に向かってもたといどんな事を思い、どんなことを行なおうとも、引き受けたとあるのが本願でありま す。私共は屈託なく自由に安心してやってゆけばよいのです。「過去未来現在の三世の業障《ごっしょう》一時に罪消えて」というのはこのことです。一切に顧慮なく自由になるのです。大胆になるのです。

善と思う事が出来るなら、それをするがよい。

悪と思うその事がやめらるるなら、それもよい。

善と思っても出来ぬなら、それでよい。

悪と気づきながら止められぬなら、それでよい。

怒るもよい、笑うもよい、泣くもよい、喜ぶもよい。欲もよい。ありのまま自由におなりなさい。本願の前には自由であります。これでいいか、あれで悪いかととやかく煩うのは皆我がはからいというものであります。それを自力というのです。

もう一ぺん裏がえしていうならば、「精一杯思うままをやってご覧なさい。」道にこころざさぬ人達にいっても、この意味は分からぬかもしれませぬが、あなたにはこの語が大切であります。「兎《う》の毛羊の毛のさきにいるちりばかりも、つくるつみの宿業《しゅくごう》にあらずということなし」と聖人は申されました。いかに悪をしようと思っても「身にそなえざらん悪業《あくごう》はよもつくられ候わじ。」悪はとどめようと思えばとどめらるると思い、善はつとめればやれるものと思っているのは誤りであります。少しまじめに道ということに心がけ、自分の心に眼の醒めた人には明らかなことでありますが、あなたはそこに御気づきになりませぬか。たとい悪いことをやろうやろうと思ってもいくらもやれるものではありませぬ。善いことも同じことです、やろうやろうと思うばかりでやれるものではありませぬ。だから何もそうびくびくせずともよろしい。もっと大胆にのびのびすればよろしい。こうしたら悪いか、ああしたら悪いかと思う心はよしたらどうですか。

あなたがKさんのようになれもせず、Kさんがあなたのようにもなれるものじゃありませぬ。Kさんだってあれで自分の性格をよろこんでいるのじゃありませぬ。泣き泣きでもKさんはKさんより仕方がないのです。それが宿業であります。他の人のようになりたいと思うのがいけないのです。そこには虚偽があるばかりであります。真似があるばかりであります。真似は自分じゃありませぬ。偽りは苦しみとなります。自分のありのまま、鶴の脛《はぎ》は長い、鷗《かもめ》の脚は短い、自分のありのまま、なんといってもそれよりどう仕方がありますか。したいままそこにその人の偽わらぬ本性のままが出てくるのであります。こうすれば悪いか、ああすれば悪いか、ということばかり考えていては手も足も出なくなります。それでは生きておれませぬ。生きておるかぎりは手も足も動きます。口があればしゃべります。それを押しこめては生きながらの地獄です。死にまさる苦痛とでも申しましょうか、実につらいことだろうと思います。善もやれる悪もやれると思いますから、びくびくするのです。自分の宿業として、もっておるだけしかやれるものじゃありませぬ。恐れなくあるがままにお進みなさい。そうして本願を仰ぎ念仏して進みゆくところに、仏力が善も悪も調節して下さるのです。よくなろうと焦らなくとも、仏力にてよろしくして下さいます。善を行なおうとつとむるところにかえって善が出来ず、悪をつつしまんとつくろってゆくところに偽りばかりが起こってまいります。そしてそれがかえって自分を苦しめるのであります。

善き人になろうと思わずに、ありのままの悪人とおなりなさい。悪人たることに自覚なさい。仏はこの世も未来もきっと救って下さいます。あなたは未来世よりもこの世が恐ろしいのでしょう。自分の心が恐ろしいのでしょう。自分に対する人が恐ろしいのでしょう。けれどもこの心にてお進みなさるならば、この世ながらに救われます。考えてご覧なさい。偽りかざって悩める善人、そんなものを誰が愛しましょう。そんな人をあなただって愛することができますか。それよりか偽らざる悪人、喜びもし悲しみもし、怒りもしあやまりもする素直な悪人の方が、家庭においても社会にあっても可愛がらるるのであります。決して世なり人なりから捨てらるるものではありませぬ。それが他力の照護と申すものであります。

# 菩提心と人間愛

一

吾人《ごじん》は皆、菩提心を起こさねばならぬ。

菩提とは道という意味であるから道心といってもよい。菩提とはまた智慧という意味である。けれどもやはり菩提心と云った方がよい。

仏教の話には専門語が多いから、了解しにくいという人があるが、何にでも専門語はある。専門語というものは相当の必要があって出来たものである。複雑な意味を一語で表す便利な点があるからである。菩提心というのもそうである。

真実に生きてゆかんとして、その道にのぼる心を菩提心というのである。物事は結果よりも出発点における心が大事である。

菩提心とは普通に上求《じょうぐ》菩提、下化衆生《げけしゅじょう》の心である。一方には自分自身が菩提を求むるのである。菩提というのは智慧という意味で真智に達したいのである。人間の苦しむのは、真智がないために愚策ばかりを講じて、永久に苦を出離することができないからである。

また一方は衆生すなわち自己以外の者を苦より脱せしめんと願う心である。

この二方面の念願を成就せずんば止まぬというその心を発《ほっ》菩提心というのである。この心を出発点として、この念願に対して最も適当な道、すなわち最上の方法をとらんとして、この念願の成就せんことを希い、この心をもって人に向かい、世に対し、社会に接してゆかんとすべきである。否《いな》それは人々の衷心に燃えている盛んなる念願なのである。

一般語をもっていえば、愛する心といってもいい。

人間には自分を愛する心と他を愛する心とがある。すなわち主我というものと客我というものがある。我というもの、我が心はこの二つから成立しておるものであって、自分も可愛いが子も可愛い。自分も我であるが子も我である。親も可愛いが自分も可愛い。妻も可愛いが自分も可愛い。自分も可愛いが他人も可愛い。他人も可愛いが自分も可愛い。その一面だけを満たしただけではどうしても承知のできないものである。人はこの両面の願いを是非とも成就せんとして、日夜に汲々《きゅうきゅう》として勉励刻苦しつつある。しかしながらこのジレンマ、この矛盾のために、不断に悩みもがいているのである。それがため、義理と人情の食い違いのために悩むこととなる。心は二つ、身は一つである。両方たてれば、身が立たぬのである。それがため進退極まる苦境にも遭遇するのである。けれども、そうだといって、じっとしているわけにはゆかぬ。それがためについには自分を可愛がってみたり、また他を可愛がってみたりする。けれども依然として衷心の満足は得られぬ。自分が苦しまぬ方法をとれば、他のものの苦しんでいるのを見ておらねばならぬ悩みがある。他のためによければ自分は苦を受けて悲しまねばならぬ。

　一体どうすればよいのか、これが大問題である。どうしても、他も我も、我も他もということにならねば、我というものは永久に安穏にならないのである。これが真に問題となってこれを解決し成就することが、自分を幸福にする最大の要件である。どうすればよいかと踏み出して、絶えず求めてゆく心、それが菩提心である。

## 二

いかに人間が利己主義に出来ておるといってもこの心を有せぬものはない。けれども精練されざるがため、衷心の我が心の願いを聞こうとせず、ただむやみと自分ばかりのことを考えたり、あるいは眼前のことばかりを見て、遠く慮《おもんぱか》らず、深く慮らないのである。

　親はどうでも、子はどうでも、また妻はどうでも、ただ自分の満足ばかりを希《こいねが》っている一類の人がある。これが家庭の内にあっては他のものと闘争して怨恨やまざる心となるのである。

　他人に対して酷なる態度に出る人ほど、肉親のものには厚くするものである。その人の自己は家庭内にとどまっている狭い自己である。

愚なるものの自己は狭くかつ小さい、自分の一身にとどまっている。大賢となるにしたがってその人の自己はだんだん広くかつ大となってゆく。すなわち自愛が愛他心となって自己がますます拡大されてゆくのである。

菩提心はついに仏果に至らんとする心である。

人としての理想は、仏にならんとすることであらねばならぬ。仏と成るということは菩提心の成就であるからである。すなわち全き自己の安楽になることである。自分の安楽になるということは、苦がなくなることである。苦がなくなるということは老病死より脱離して生きてゆくことである。他によって苦を感受せぬ境地に到ることである。これと同時に、親子、妻兄弟、及び一切の人々をして、苦をなくならしめ安楽ならしむることである。子を愛する者は子より苦をのぞき、親を愛する者は親をして苦をなからしめんとし、人を愛する者はその人が安楽に至ることを理想とする。自分の愛するものの苦に悩める間は、自分自身も苦を脱することはできぬのである。それゆえ真実に自己が安楽ならんとすれば、他の者一切を苦より脱せしめねばならぬのである。

## 三

釈尊はこの念願のために、しばらく愛すべき家を棄て、親を棄て、妻子と国民を棄てて、堅く菩提心を発《おこ》して仏果を望まれたのである。

親鸞も法然も蓮如も、諸聖の道を求められたのは皆この菩提心からである。出家せられたのはあまりに愛せられたがためであって、決して愛せざるがためではない。

菩提心は、自己を真実に愛し、他を真実に愛する純なる心である。たとい外形上は人を棄て、世を厭われたごとく見えても、それは遁世《とんせい》ではない。その心の中は人生愛と人間愛の高潮《こうちょう》熾熱《しねつ》なるものがあるのである。

仏教信者だから菩提心を発《おこ》さねばならぬというのではない。無論宗教においてはということでなく、いやしくも人としては皆この心を発さねばならぬのである。自己衷心に潜《ひそ》めるこの声を聞かねばならぬのである。この心に醒めねばならぬのである。

吾人は無自覚ながらもこの心の衝動を受けて動いておるものである。しかし、それを内省自覚しないのである。仏の教えは、この心を呼び醒まして下されたのである。

## 四

次にいかにしてこの念願を果たすべきかが問題である。

自己はいかにして苦より脱離し安楽に至るべきや。他をして真の安楽に至らしむるはいかにすべきや。この二つを同時に完成せんにはいかにすべきや。つねに種々に方法手段を講じつつ、個人としても社会としても、いかにかしてこの念願を果たさんとして悩みつつあるのが、現在の世界である。

一歩を進めてその方法を教えられたのが、仏教の中での自力の教えである。自己の苦しめる根源となる一心を調禦《ちょうぎょ》し、煩悩の妄雲を除去して、明光々たる玉のごとき境地に到らんとするのである。他を救わんには自己の所有の一切を与えて、彼をして安楽ならしめんとすることに努力することとなるのである。その他そこには種々なる方法が講じられ示されておるけれども、果たしてこれを成就することができたであろうか。

なお一歩を進めたものが、他力真宗の教えである。他力本願に帰命するのはそれがためである。浄土往生を願生するのもこの菩提心のためである。世を愛し人を愛して救われんとするがために、他力を仰ぎ浄土を願生するのである。決して、自己を棄て、世を捨て、人をすつるのではない。真実に、あくまで自他の安楽を願望するからである。

## 五

道を得るか否かは、菩提心の有無によって決するのである。真に自己を愛し人を愛するならば、皆菩提心を発《おこ》さねばならぬ。そして自己の念願を果たすためには極めて忠実に道をたどらねばならぬ。菩提心の有無を検定せねばならぬ。如来の本願を信じても菩提心がないならば浄土には往生せず、仏果には至り得ないのである。

極楽は、たのしむと聞いてねがいのぞむものは仏にならずと、蓮如上人のいわれたのもこの意味である。親鸞聖人は曇鸞大師の語を引いて「若人不レ発二無上菩提心一《もしひとむじょうぼだいしんをおこさず、》但聞二彼国土受楽無間一《ただかのこくどのじゅらくむけんなるをききて、》為レ楽故願《らくのためのゆえにがん》生亦当レ不レ得二往生一也《しょうするとも、またまさにおうじょうをえざるべきなり》」といわれてある。

自力にて到達しあたわざるこの念願が、他力本願によって成就せらるることに慶喜《きょうき》せられたのが、一念の信心である。人間としての衷心の願いである菩提心の完成を得たる歓喜《かんぎ》の叫びが、他力信心の念仏である。他力信心は願作仏心《がんさぶっしん》である。願作仏の心はこれ度衆生《どしゅじょう》の心である。度衆生心というのは人々をして、自己が救われたると同じく、人をして信に入らしめ、有仏《うぶつ》の国土に生ぜしむることである。

菩提心とは人を愛する心である。他を自分の中《うち》に見る心である。

人々の心中における菩提心の有無は、その人の幸不幸の道の分岐点である。したがって菩提心の有無によって、その人々によってなれるその家庭、その社会の状態を卜《ぼく》することができる。

# 宗祖 聖人《しょうにん》を懐《おも》う

私は十一月という月を思うと、すぐに二十八日という日を想いおこします。それは宗祖親鸞聖人の終焉の日であります。無論、昔の十一月と今の十一月とは違うのでありますが、そんなことには関係なく私にはこの月の名によって日によって聖人の終焉と、その一生と、その御精神とが追憶されるのであります。

今は特に聖人の終焉について追慕さされておるのであります。覚如上人はその状景を伝して左のごとくにあらわされております。

聖人、弘長二歳　壬戌《みずのえいぬ》　仲冬下旬の候より、いささか不例の気まします。自爾以来《それよりこのかた》、口に世事をまじえず、ただ仏恩のふかきことをのぶ。声に余言《よごん》をあらわさず、もっぱら称名たゆることなし。しこうして同《おなじき》第八日午時《うまのとき》、頭北面西右脇《ずほくめんさいうきょう》に臥《ふ》し給いて、ついに念仏の息たえましましおわりぬ。時に、頽齢《たいれい》九旬に満ちたもう

言は簡単でありますが、よく尽くしておると思います。何とまどかなる終焉であったかと思います。何と静かにほがらかなる終焉であったかと思います。

平和の気が何となく感じられてくるのであります。「口に世事をまじえず、ただ仏恩のふかきことをのぶ。声に余言をあらわさず、もっぱら称名たゆることなし。」ひたすら如来を讃仰してさらに余念なき光景であります。あに伝者の筆致の巧みというのではなく、実にそうであったろうと想われます。その状況の平和はその精神の平和を思い、なお平生の心中の平和を推測されることであります。

回顧すれば九十年という長い長い過去を有せる聖人には、随分痛ましいことも種々ありましたが。その中にはつねに人を愛し世を愛する萌ゆる思いをじっと抱きながら、ひたすらにそれがために尽くしつくしてこられたのであります。しかしながら、その一生を通じてそこには争いというものがなく戦いというものがなかったのであります、ただひとえに人のため道のために尽くして止まれなかったのであります。すなわち法のために他と戦われたこともなく、人と争われた事もなかったのでありますす。したがって世の殉教者のごとき勇ましさや雄々しさはあらわれておらぬのであります。そのためであったかどうかはともかくとして、その最後は極めて自然にも九十という天寿を全うして、いかにも平和なる最後の幕をもって終わられておるのであります。道のためには悲惨なる最後を見ることも時には免れられぬことであるかもしれませんけれども、私にはやはりかかる一生と終焉がいかにも美わしいのであります。それは聖人の心中に我慢や我執がなく、道のごとく自然にして無理がなかったからではなかろうかと思えるのであります。

それについて必ず連想されるのは釈尊の最後、入涅槃《にゅうねはん》の時の光景であります。やはり八十という随分長い行化《ぎょうけ》の一生を畢《おわ》って、静かにまどかに終わられておるのであります。

いずれも、生き得るだけを悠々として生き尽くされた姿が見ゆるのであります。そしてまた、なすべきだけをなしたという満足をもって終わられておるのであります。死なれたというよりは生き尽くされたというべきであります。それゆえ遺憾なき心をもって終わっておらるるのであります。

釈尊と祖聖との終焉が、その長寿において、また静かなる尊さにおいて相似通っておるばかりでなく、道の多くの点においても相通じておらるることを思うのであります。

ある文学者が、なにゆえ仏教を信じないのかとの問いに答えて、釈尊という方はあまりに清く、人間離れがしておるがためその教えが信じられぬ。釈尊も人間であった以上は、釈尊の人間としての他の一面があらねばならぬ。それを誰かが知らしてくれたら好いと思っているといわれたそうであるが、釈尊の背面はあくまで人間としての親鸞聖人の上に遺憾なく体現されていると思う、三千年を隔てた遠い釈尊の顕現が親鸞聖人であり、近い親鸞聖人は遠い釈尊であると思います。単にそれが臨終の状態の似通っておるというばかりでなく、さかのぼって一生の行化《ぎょうけ》といい、その内的の心証といい、同一のものが両面に顕われておるのであると思います。聖人は「如来所以興出世、唯説弥陀本願海《にょらいよにこうしゅつしたもうゆえんは、ただみだのほんがんかいをとかんとなり》」といって、他力の大信海これこそ釈尊心中のものであったと申されております。その終焉の光景の一致しておるというのも偶然ではなかろうと思います。いずれにもせよ、そのまどかなる終焉とほがらかなる心境とは、吾人の理想として憧《あこが》れざるを得ぬものであります。それは他力自然《じねん》の信念よりの必然の結果であったに相違ありません。

世に「御臨末《ごりんまつ》の御書《おんしょ》」といって、聖人が終焉に近づいて弟子達にあてて書き残されたと申し伝えられておるものがあります。弟子を通じて関東の妻子や信徒への遺書だとも申すことであります。

我が歳《とし》きわまりて、安養浄土に還帰《げんき》すというとも、和歌の浦曲《うらわ》の片雄浪《かたおなみ》の、よせかけよせかけ帰らんに同じ、一人居て喜ばば二人と思うべし。二人居て喜ばば三人と思うべし、その一人は親鸞なり。

我れなくも　法《のり》は尽きせじ　和歌の浦
あおくさ人の　あらんかぎりは

愚禿《ぐとく》親鸞満九十歳

弘長二歳十一月
西念御《おん》房

我が聖人の終焉は死ではなかったのであります。聖人にはすでに死はなかったのであります。生きるだけ生きて年がきわまりて、さらに生を新たにする事であったのであります。すなわち安養の浄土たから帰るのであって、帰るのは再びまた来たるべきことであったのであります。それは帰るべき時がきに還帰《げんき》するのでありました。本土にかえるという心地《ここち》であったのであります。それは帰るべき時がきたから帰るのであって、帰るのは再びまた来たるべきことであったのであります。それはひとえに如来本願の回向であって、往相の回向も如来のたまものであり、還相《げんそう》の回向も如来のたまものでありま す。それゆえその身の幸を喜んでひとえに仏恩のふかきことをいよいよ喜ばれたのであります。最後の歌もひたすらに大法の照護を仰いでまったく安んじておられるのであります。同時に人々の帰趣すべきところを知らしめておらるるのであります。

それゆえ聖人の終焉は死ではなく、終わりに臨んでなおかつ生の希望に満ち満ちておらるるのであります。そこに生の輝きを見ることができます。したがって人を愛し世を愛する失望の影はなくして、いよいよ人生愛の希望を期待しておらるるのであります。安養浄土という往相の喜びは直ちに還相の理想を予期しておらるるのであって、往くといえどもそこにとどまることが理想ではなく、自己の証果は直ちに還相を理想としておらるるのであります。還相を理想とするということは、人類同胞を救済せんとする念願の充実であります。聖人のこの魂は実に人生愛の権化《ごんげ》であります。さればこそ、その終焉においていよいよ仏徳を讃仰しつつ平和と寂静との自然さがあらわれておるのでありま す。聖人の信仰思想はこの終焉の上に体現されてあります。かくて吾人の終焉はいかがでありましょうか。どうか聖人のような裕《ゆた》かな心でありたいと念《おも》います、否《いな》かくのごとき心境に住しながら一歩一歩を人生の上に踏みしめてゆきたいことであります。

# 救いということ

救いということは、もとより苦悩が救わるることであって、苦しみが救わるるということは、すなわち幸福になるということである。

苦は心の塞《ふさ》がるものであり、死に向かう心であり、闇の心である。救いはこれと反対に心が開かることであり、生きかえることであり、光りをうることである。

救いといい、生きかえるといい、光りをうるということが、近来多く人々の間にいわるることであるが、信仰の話の上でいっておる救いということとは、だいぶ意義が違っておるかと思う。それがため、信仰上においての意味が通じにくいのではないかと思う。したがって幸福ということについても、普通にいっておる考えとは違っておるようである。

空腹を感じておることは苦しみであって、これに対して食をうることは一種の救いということができる。

精神に煩悶があるとき酒を飲むことは苦から救わるることである。

無聊《ぶりょう》に苦しんでいるとき、好きな人の来訪は救いである。

かくのごとく、吾人の日常生活の中にあっては、数えきれぬ多くの苦悩と欲求とがあるために、それらの一々に対して救いを感じて、心を慰《い》してゆきたいと願うのである。種々の悩みがあるため常に救われてゆきたいのである。常に救われてゆくにはいかにすれば好いかといえば、それは金であるということに帰着して考えられている。もっとも金は力であり、力の結晶である。金はあらゆる物質を持ちきたす。それゆえ何といっても万人の望んでいるものは金である。金は要求するものを持ちきたし、禍いとなるものを除き去る力をもっている。

金、金、金というものこそ、吾人を救い吾人を幸福にするものであるらしく見えている。しかし、金がきっと吾人を幸福にするか。吾人のあらゆる苦を救うであろうか。私は金を呪うものではない、むしろ金を好んでいるものである。けれども、今幸福ということをねがい、救いということについて真摯に考究してゆくについては、是非とも静かに考えてみねばならぬと思う。それを考えずして、いたずらに金によって幸福の来るものとして進むことは善くないことである。

金を目的として進み、金を多く所有した人の心に生活難がなくなったであろうか。貧窮者に生活の憂苦があるように、金満家となって生活難が去らぬのである。生活難は金で去るものではない。金がいかに多くあっても、一たび病床に呻吟《しんぎん》する身となっては病苦に悩まされざるを得ぬ。人はいう、金あるがために、病院に療養することができ、薬餌《やくじ》を自由にとることができ、生命をとりとめることができると。いかにも生命を取りとめた人もあったであろう。十分に薬餌療養をすることも出来たであろう。けれどももし一旦、病の軽からざることとあって、療養の効験なき時の心中の悩みはいかにするのであろう。病によって受けつつある我が心中の悩みに気づいた者にあっては、きっと金により薬餌によって医すべからざる苦悩のあることを知るであろう。

絹の布団にくるまって、何不自由なくとも、病苦に呻吟する身となって、心中に煩悶苦慮することがあるならば、絹布団も針の山に臥しておるも同様ではないか。破れ布団の上に呻吟するよりは絹布団は結構であるであろうけれども、破れ布団の中で平安なる心を抱いて静かに病を養っているには劣るではあるまいか。病に悩まざる心を有することが、幸福であることはいうまでもないが、この心を得て絹布団に身を養うことができるならば、それは錦上《きんじょう》花を添うるというものである。

老後を幸福ならしむるものは金であると一般に考えられている。これも一応はもっともであるけれども、偏望し過ぎておりはすまいかと思う。いかに金があっても、老いのあらゆる苦を除去することができるであろうか。老いての幸福は境遇の上について、また他の者の上について悩まざる、歓喜《かんぎ》心の生活にあるのではないか。

金あるがためにかえって子と争い、親は親となれず、子は子となれず、子と子とは、兄弟同胞となれず、仇敵《きゅうてき》の間柄已上《いじょう》にも禍いされていることはないであろうか。金が禍いしているのではない。金さえあれば幸福が来ると思う心の誤りが禍いしたのである。

人間の小智と浅智とは、利巧そうにも、これこそ幸福の道であると決定してしまう傾きがある。そして一旦思い込んだ考えは、金科玉条《きんかぎょくじょう》として変更せぬものである。それが道を聖賢に聞かねばならぬ所以である。けれども、自惚れの強い強情なるがために、容易に受けいれるものではない。受けいれているようでも、実際はなかなか受けいれていないのである。私共は互いに篤《とく》と省みて、教えによって啓発さるるように心がけねばならぬと思う。折角、自分の幸福を願いながら、真の幸福をうることの出来ぬのは残念なことである。

私は金について云ったのであるが、子についても同様である。子のあることは幸福であるときめているゆえ、子のないことは非常なる苦痛となるのである。この苦痛を救わるるためには是非とも子があれば好いと思い、子のあることのほかに幸福はないように思い込むのである。何によらずなくて苦しい時はひたすらにあればよいと希《ねが》うものである。子がないことに苦しむ時は子があればよいと思い、金がなくて苦しむときは金があれば幸福であると定《き》めるのである。

要するに、真の幸福は物にあるのか、心にあるのか、ということである。普通の考えでは幸福は物についていると思っている。しかるに仏の教えは心にあるとせられているゆえに、仏は人を救い人を幸福にするのは、その心を救いその心を幸福にせんとせられているのである。仏の与えんとせられている幸福と、常人が得んとしている幸福とは、まったくその意味が齟齬《そご》しているのである。常人は幸福は外にあると思っている。しかるに仏はこれを内に与えんとせられているのである。

常人はあくまでもこれを外に望んでおり、物に求めているがために、救いということも感じられぬのである。もとより、心のこと内のことであるといっても、外物から幸福を感ずることがないと限ることではないのである。健康を幸福と感ずることもあるであろうが、病気を幸福と感ずることもあるであろう。金のあることについて幸福を感ずることもあろうが、金のないことを幸福と感ずることもあるであろう。つまり物や境遇によって幸と不幸とが区別さるるものではなく、幸福はこれを感ずる心によって定《き》まるのである。

それゆえ仏の念願は、衆生の心をして生死の苦から出離せしめんとせられているのである「豪貴富《ごうきふ》楽《らく》自在なることありというとも、生老病死を免るべからず。」この生老病死の苦を出離することがなくては、豪も貴も富も楽も、いかに具備するともそれによって幸福を得ることは出来ぬということである。豪貴富楽の上にも生活苦は存在するであろう。死に対する苦も存在するであろう。病に対し老いに対する苦もそれによって去ることは出来ぬ。生老病死に悩まされざる心の所有者となってこそ、豪貴富楽はそのまま幸福として感ずることができるのである。たとい豪貴富楽が自在でなくとも、生活の煩悶がなく老病死の苦慮なき心となれば、生存の幸福を感ずることである。すなわちその心をうることが救いであり幸福であるのである。

しかるにともすると、金を多く獲るとき、これを仏の恵みであるとしてこれを感謝し、子を得る時、それを仏の恩恵とし、衣食や住を得たるとき、直ちにそれらを救いを得たるごとく思い、あるいは病気にかかって全快したるとき、これを救われたりといい、恵まれたりといっているのは、信仰上の救いということとは大いに趣きが違うのである。たとい、火の中より救い出されたりとも、水に溺《おぼ》れているものが救い出されたりとも、それらを直ちに仏の救いとはいわぬのである。反対に、火の中に死すとも、水の中に溺るるとも、その人の心が死に畏れず悩まざる一念の心を得るに至るのを救いというのである。金に悩まされざる生、人生の意義についてなやまざる生、病に老いに死に悩まされざる生をうることを救いというのである。単に外物や外事によって一時の安《あん》を得たことを救いというのではない。外物、外事に悩まされざる光と力とを得たことを救いというのである。

親鸞聖人が「煩悩具足の凡夫《ぼんぶ》、火宅無常の世界はよろずのことそらごと、たわごと、まことあることなきに、念仏のみぞまことにておわします」といわれたのは、金によっても智恵によっても、豪貴富楽によっても、幸福はどうしても得られないことを痛歎せられたのであって、仏によって、仏の本願を信ずることによって、すなわち念仏によって、初めて救われ、初めて幸福を感ずることを得たことの歓喜である。生の永遠の光と力とを得られたのである。豪貴富楽はこの心に伴うこともあり、伴わざることもある。それは大慈大悲のみ心のままである。この心をもって、働きたいだけ働き、尽くすだけを尽くすのである。身に不相応なるものは苦悩とこそなれ、幸福とはならぬのである。夏の錦《にしき》は布子《ぬのこ》に劣る。相応に与えらるることが真の幸福である。

金は尊いけれども、誤った考えの上に置かれたる金は、自己を苦しめ、自己を殺すものである。多いのが必ずしも幸福ではない。物質に幸福の存すると思うものに道の了解できる時は永久にないであろう。そしてそれは物質は幸福の味方ではなくして、いつかはそれが仇敵《きゅうてき》となってその人を責め苛《さいな》むであろう。

信心の念仏者には、もしそれが必要であるならば、自然に与えらるるであろう。息災延命も与えらるるであろう。病気となっても夭折《ようせつ》することを免れしめたもうであろう。七難を消滅せしめて災厄を除き、富貴ともならしめたもうこともあるであろう。

ともかくも、幸福を希《ねが》うならば、そして救われんとならば、生死を出離せんとして心の救わるることが第一目的であらねばならぬのである。

# 女の友への返事

今朝御書面着、小生只今帰宅、読み直しましたがなかなか問題が紛糾しているようで、細々したことは分かりもせず、自然また御答え申し上げる事もならず、もしお目にかかってならば何とかはっきりと申されるかもしれませぬが、ただ今は疲れていますので最も簡単に少々小生の考えをのべて、待っていられるかもしれぬと思いますから、泣くにも泣かれぬ、どうすればいいかと困っていらるる心慰めにだけにでもなりたいと思って筆をとりました。

第一、「私の心得違いにて、弟や皆様にかく御迷惑をかける」とありますが、あなたの衷心にどうしても承知せぬことを承知せぬということは、心得違いでも何でもないじゃありませぬか。信ぜられぬ事は出来ぬのですよ。まあまあそうしておこうと思ってした事でも実は自分が承知したことになります。それがためにどんな事が起こっても（周囲に）致し方はありませぬ。自信なき事にはきっと後悔があります。またそちらへ向かったが、きっとよい事とは決まってはおらぬではありませぬか。人は分からぬことを分かったつもりになりますから、いよいよ煩悶するのです。分からぬことは分からぬとしておくがよいのです。きっと善いだろうと思うのも危ないことです。そんな事をきめてみるからいよいよ困るのですよ。

人の犠牲になってはいけませぬ。弱い気を出して善人らしくなってはなりませぬ。かくすることが自分の道だと信ぜらるる事をおやりなさい。人のためにもなり自分のためにもなり、自分のためにもなり人のためにもなるのだと思えたら、人のためになることもよろしかろうが、わしはどうでもよいが他が安心するなどと、なまなか犠牲になどなるというと、かえってそれが自分のためにもならず人のためにもならなくなります。自分を殺してなどと思って自分の魂が死んでは人を助けることは出来ませぬ。自分が自分の道にすすみ、自分の助かった上では、いつでも人のことは助けられます。

せつない心地でとつおいつ苦しいこととお察しいたします。

こまごまと拝読いたしましたが、結婚ということは人のためにしてはいけませぬ。嫁ぐ気にどうしてもなれぬのをきめるということはよろしくないと存じます。これは誰が何といっても、そうだと存じます。他人のためのみに大事なことを軽卒になしてはなりませぬ。そんなことはあなたには分かっていますはずですのに、随分と周囲のために動かされておるのですね。しかし独立という事は随分難儀なことであります。伯母様、伯父様、などの御考えも本当です。それよりも縁があればかたづいた方がよいのですけれども、目下のあなたの事情として気の進まぬのに、そんな事情の下《もと》に片づいては困ることは分かっているじゃありませぬか。申しておきますが、私は女の方の独立生活や、独身生活は全然よくないことと常々信じておるものであります。だから独身を立て通すということはいけない、いつかは時期をみてきっと嫁ぐべきものだと存じます。

けれども目下の事情と目下の御気持ちの場合には、それはよくないと思われます。しかし、そうすれば伯母様のところにおられぬこととなって、さしずめ直ちに困らねばならぬこととなりましょうから、その決心さえついておればよろしい。どうにかして働いて食ってゆくか、人に頼んで下女働きでもするか、他の親類にでも厄介になって生活が出来るならばそれがよいと思います。自活の道をとって働いてゆくというのならば一時的にそれもよろしい。すなわちこの決心さえつけばこの問題の解決は最も明瞭なことであります。伯母様を御助けする方法は他にいくらもあることと思われます。無謀なる結婚、軽卒なことはくれぐれもいけないと存じます。

それから、弟さんからはじめて聞きましたその時に、ああそうなのか、実の母があったのか、そんならなぜもっと早くから、私に云わなかったのかと、思いも云いもしました。弟さんのいうところによりますれば、一緒に住んで何処どこまでも苦労なさるがよろしい。母と共に泣きたいだけ泣き、笑いたいだけ笑う、親と子との生活それが一番好いことです。他から聞けば御実母は病身とかいうことですが、それならその側に侍してお世話をするがよろしい。貧乏じゃというのならともに貧乏しつつ助けてゆくがよろしい。義理や世間体があってはならぬのは明白なことであります。しかし何か他に逢ってはならぬ理由があるのですか、無論理由があればこそ二十幾年の間一緒に暮らしもせず、私共にも親がないような顔をしておられたのでしょうが、しかしその理由があなた方兄弟にとって真に理由とすべきものなのですか。またはそうでもないのを人に障《さ》えられて逢わなんだのですか。あるいはつまらぬ理由などにくくられて今日まで秘《かく》しておったり、ほっておいたのであってはなりません。それを秘《かく》して葬っておいて嫁ごうというのですか。秘《かく》しておいて後であらわるればなおさら嫌な目をみると思います。私などにいろいろと相談するよりも、そんな善い相談相手がこの天下にありますのに、なぜに今まで捨てておいて顧みなかったのですか。私には分からぬことであります。くわしい訳を聞けばごもっともと思うかもしれませぬが、あなたとしては結婚問題よりも前《さき》にこのことを解決せねばならぬのだと存じます。物質の問題などはもとより後々のことであります。もう夜が更けて数日来の疲れが出て、身も心もぐだぐだになってきましたからこれでやめます。御心配であり御急ぎと存じましてとりあえず。

# 人間愛

A君は病気になやんでいる。B君は失敗して苦しんでいる。C君は子のために泣いておる。D君は親のために困っておる。E君は妻と合わないで悩んでおり、F君は夫の愛のなきためにくるしみ、G君は孤独に泣き、H君は貧乏生活に苦しんでおり、I君は金のあるために困っており、K君は仕事に意義のないために悩んでおる。子を失って泣いておる人、夫を失って泣いておる人、妻を失って泣いておる人、私の周囲は困っておる多くの人々によって取りまかれておる。それがため人々の上に思いいたってそれからそれへと心が馳せまわるとき、私は気の毒でたまらなくなり、一々が皆可愛ゆくてたまらなく、どうかせずにはおられなくなる。どうもならないかもしれんが、大抵はその人の心ひとつでどうでもなることが、ありありと見えて駆けずりまわらずにおれぬようになる。じっとしておれぬほどつらくなる時、私は南無阿弥陀仏の世界に飛び込んで、一切をすててしまう。そして一切を如来に帰託して、この苦しさから救わるるのである。慈光は永《と》しえに照り輝いておったのである。すべてはこのままにして丁度よかったのであった。

人を愛し、人に同情し、人の苦を思い、そしてこれを慰めんとし救わんとし、一歩ずつ出かけてゆく時、その時は自分に落ちつきがあり、余裕があり、余力のある時である。そして力のあるかぎり尽くしてみる。けれども一向人々はよくなってくれぬ。そうすると、今度は自分が苦しくなってくる。そしてその苦しさが一つ二つ三つとだんだん加わってくる。その一つさえよくならないのに、それが追々増加してくるにおいては、苦しさと、やるせなさに悩み、人の事ではなく、自分自身が、ある混濁した苦しみの海に沈没していることとなり、人を救うよりもこの苦より自分の救われる事が急要となる。そのとき私は一切をすてる。如来の本願を念じてすてる。如来の願海へすてる。それは愛をすてて顧みぬのではない。顧みぬのならば、捨てても私はたすからぬのである。

「宿善まかせとはいいながら、述懐のこころ、しばらくもやむことなし」と泣いていらるる蓮如上人の心の中が共鳴してくる。人を想うことはまことに切ないことである。

けれども止められぬ。南無阿弥陀仏を念じて、その願海に逃げ込み、やっとそれに安住する。が、しばらくすると、またさ迷い出でざるを得なくなる。そして手を焼いてはまた願海に逃げ込まざるを得ぬ。苦しくなるのは自分のあやまった考えからである。自力我慢が出てくるからである。どうにかなると思い込むからである。どうにかしようと思うからである。如意の自信をもって進み、不如意にぶつかるからである。

聖人が還相回向《げんそうえこう》の本願を喜ばれた心がわかるようである。けれども、人をして有仏《うぶつ》の世界に入らしむべき努力はやめられぬ。如来の救済事業に参加して、そのために努力せずにはおれぬのである。如来の本願を念じながら人を愛し人に対してゆかねばならぬ。しかるに、如来の本願を忘却して脱線するために、苦しくなるのである。

この時々脱線して、いたずらに苦しむようになるのは、自分において、道を脱しておるからであって、人を愛すれば愛するほど、苦しくなる。苦しくなるから捨てねばならぬ。自力を捨てて一切人を荷負って道を進まねばならぬ。自分一人となって進むというその一人の自分は、万人を背負ったものである。

親鸞聖人が一生涯、満九十歳の老齢に到るまで、自分の道として進むことをやめられなかったのは、恐らくは、かかる心からであろう。

人間愛に目醒め、人間愛が強くなり、広くなり、高まれば高まるほど、多くの人を背負わねばならなくなる。道は単なる自己一人の救わるる道ではなく、親を背負い、子を背負い、妻も兄弟をも、友達をも、次第次第に拡まって、肉親や家の中といわず、家の外といわず、万人となり一切人となり、過去現在未来人を摂《しょう》して、ついに十方衆生と呼ばざるを得なくなるのであり、一切衆生と念願せずにはおれなくなるのである。

本当に愛するためにはいかにすべきや、本当に救うにはいかなる方法によるべきやと、道を求めて、そのために、親や妻や子や一切人をすてて、家を出られた釈尊の心の中が、ひしひしと響いてくる。高潮された熾烈なる愛が感じられてくる。釈尊の求められたその道が、万人の道であらねばならぬことは明らかである。

釈尊のこの裏面の心を、汲み味わうとき私は泣かされる。そして合掌せざるを得ぬ。この愛のために一生道を行《ぎょう》ぜられていた心が味わえてくる。釈尊が、一面は人の魂に接していながら、一面また人々から遠ざかっておられた道の生活は、おそらくは、あまりに強く一切人を念じておられたからであろう。人を念ずれば念ずるほど、自分の行道《ぎょうどう》が一向に念ぜられてくるのである。

親鸞聖人がその一生涯を社会の前面、社会の真ん中に置かずして、常に隠棲《いんせい》を占めていられたのも、あるいはそのためであろう。近よることのあまりに切なく、それほど強く専心に念じられたからではあるまいか。一切衆生をと念ずれば、自分の道を一歩一歩いよいよ尊重せねばならぬのである。それは自己が一切であるからである。

可愛いから離れぬ、可愛いから捨てぬというけれども、ついには、共に苦しみ、倶《とも》に落ちてゆくばかりである。離れぬという事が一概に可愛がる道ではなく、捨てぬということが、あながち、愛しているしるしだとはいえぬ。ただ裏面のこころが大切である。

# 罪を知るは仕合わせなり

この頃はどうですか。そののちは、さっぱり御たずねいたしませんが、御案じしています。今日まで手紙もさし上げず、御訪ねも出来ませんので、ここで申しあげることにいたします。

先達て以来、あなたは時々、罪ということについて御心配なさるようであります。私はそれを聞くたびに尊き思いにうたれるのであります。それは私の日常生活が、とかく無反省に過ぎまして、自分の罪ということについて、さほど心配していない無自覚を愧《は》ずかしく思うからであります。私はあなたからそのことを承りますとき、それについて救いの御話をするよりさきに、仏から説法されておるように感じて、愧《は》じ入ってしまうため、御話が出来なくなるのであります。

多くの人々は、自分の罪ということについて、考えようとせないで、無自覚にもただ助かりたいとか、救われる方法ばかり聞きたがるのです。しかるにあなたは、助けていただくことに疑いはないが、この罪をどういたしましょう。造ってきた罪を消すことは出来ません。どうもしてみようがありません。今後については慎みもいたすというものですが、造ってきたのはどうしてみようもないと繰りかえされます。何という尊いことかと思います。本当に、まじめに考えるならば、おっしゃる通りです。いかにゆるしてやると申されても、なかなか、そうですかと、安心のできるものではありません。それが本当です。ああそうですか、有難うございます、などと直ぐ喜べるのは嘘であります。あなたもどうぞ誤魔化さずに、そうして得心のゆくまで御考え下さい。

「人を殺したというようなことではありませんが、五十年間の生活は、済んでしまえば短いようでも、なかなか長いことです。また口で云えば短いようでも、考えてみると随分長いことでした。その間には随分苦しいことも多くありました。想いかえしてみると、随分罪も造ってきています。それがどうなるかと思います……こんなに長く患っておるのもその罰でありましょうか」と申されました。

しかし静かに一緒に考えましょう。

あなたの病気、それは罪の罰でしょうか。罰としてはあまりに軽すぎはいたしませんか。あなたの造ってこられた罪はどんな事で、どれだけほどかは知りませんが、五十年間の罪、一つの事についても、随分恐ろしきことでありますが、そしてその種類も十や百や千ではあるまいと思います。その一つの罰が当たるとしても、もっとひどい目に逢わねばならぬのではありますまいか。

罪は原因でありまして、原因はきっと結果を産みます。それは明らかな事実であります。そしてその苦しい結果によって、反射的に過去に遡《さかのぼ》って、自分を反省する時、自分の罪というものを感ずるのであります。けれども一々の罪が罰となってきた日には、私共は到底こんなことではすまぬのであります。そこに私は仏の御慈悲をありありと拝むのであります。因は果を生むべきはずであるのに、その来るべきはずのものを来させないというのが仏の御悲慈の証拠であります。仏は私と離れてはおられません。『観経』の中に釈尊は韋提希夫人《いだいけぶにん》に対して「阿弥陀如来、ここを去り給うこと遠からず」と申されました。常に離れたまわぬ御慈悲であります。仏の大慈悲は、自分の罪を罪と知らぬ者に、罪を知らしてやりたいのであります。それ以上に罰なんか当てたくはないのです。可愛いのですもの。悪《にく》い奴、悪人ではありますが、その悪人が悪をして、苦しみを累《かさ》ねてゆくのが見ておれないために、知らすべきことは知らしめたいが、罰なんかは当たらぬようにしてやりたいのです。不思議ではありませんか。当たるべきはずの罰が、当たっておらぬではありませんか。有難いではありませんか。

あなたは、あなたの病気を罰だと思われますか。私はおめぐみだと思います。

生活に心配なく、贅沢三昧であって、一切の用事は人々が皆してくれて、広い座敷でひろびろと、夫も子も孫も、あらゆる人達の親切に取りまかれて、御医者や看護婦さんまで沢山ついて、それが五十年間の大罪人の罰でありましょうか。あなたは毎度、勿体ないことですと喜んでいられましたが、罰だなどと思うのは本当に勿体ないことです。仏の御慈悲に摂取せられておりながら、罰かなどと思うのは勿体ないことです。自分の内に罪の深きを見るその眼を転じて、外《ほか》に周囲を見回して御覧なさい。勿体ない事と有難い事とに満ちています。仏の慈悲は現在の身の上に、そこに来ていられます。汚い穢れた罪の塊の上に仏の大慈悲が来ておられるのであります。摂取不捨であります、抱きとって離したまわぬのであります。罪は現に救われておるではありませんか。現に今、救われておるから、死んでからの救いも信ぜられるのであります。これが南無阿弥陀仏であります。心配するかわりに、後悔するかわりに、罪を恐るるかわりに、御念仏を申して喜ぶべきでありましょう。

罪の思いが、明らかになり、深くなるほど、喜びは一層明らかになり深くなるのであります。罪を想い出すと恐ろしくなるとか、未来の報いが恐ろしくなるから想い出さず、考えぬようになりたいと思うのは、不真面目な、ずるい考えであります。

罪の感じが明らかになってくるのは仕合わせであります。「月かげのくらきは月の光なり」と昔から申されます。舞子の浜の白い砂の上に、松の影がはっきりうつるのは、冴えたる月光のためであります。自分の罪の影が黒く鮮やかに見えてくるのは、仏の光の力であります。光が自分の暗い心へさし込んで下さったからであります。いよいよ明らかに映るのは、仏光がいよいよ冴えてくるのであります。そこに懺悔《さんげ》も深ければ感謝のよろこびも深くなるのであります。いかほども喜ぶがよろしい。

罪を感ぜぬ人ほど不幸なものはありません。自分は罪のないものであると思っておる人は、盲目でありあます。自分に対して盲目でありますから、光は見えません。仏の慈悲が見えぬから苦しみばかりあって、悦びを感ずることはできぬのであります。

自分は好いことをしてきたと思っております。自分がここまできたのは偉いからだとか、自分の力だとか思うものです。しかるになぜ人々が自分を大切にしないかと思います。一寸《ちょっと》した苦しい事があると、なぜこんな事になるのかと不平でたまらなくなります。腹が立ってたまらぬのであります。勿体ないと喜んだり、有難いと思ったりすることは決してありません。こんな憐れなことはありません。それが病気にかかったり長く患ったりしますと、もう業《ごう》が煮えて堪えられぬ苦しみを感ずるのであります。それがため、いくら大事にせられても不足であります。いかに親切にせられても不満であります。自分は善く人が悪いとばかり思っているのですから、腹が立ちます。人を怨み、人を呪い、世を呪うのであります。そうなると、たとい広い座敷で、柔らかい床の上に、羽布団をかけてもらってもそれは針の筵《むしろ》であります。その人こそは生きながらの地獄であります。死なずに長くおるほど苦しいこととなります。仏の御慈悲を知らぬ人は死んでもゆけません。それゆえ死ぬことを恐れては苦しみ、夜となく昼となくこの鬼のために苦しめられるのであります。生きておることも苦しみであれば、死んでゆく事も苦しみであります。仏はかかる人を「苦より苦に入り、冥《めい》より冥に入る」と申されております。

あなたは仕合わせです。仕合わせであると喜ばれました、本当に仕合わせであります。ただいまが結構にして貰えるから、仕合わせというばかりでなく、その上に、病気で長く臥《ね》させされたことが、最も仕合わせなことであります。もし病気にならなかったら、家の事や子の事や、孫の事や、いろいろの事のために、忙《せわ》しく月日がすぎて、自分の道を聞くことは出来なかったのでありましょう。現に聞きたい聞きたいと言っておられたのも長い月日であります。そしてどんなに云われても行く縁が出てこなかったのに、私が時々にでも御訪ねするようになり、少しずつでも御話するようになったのは御病気のためであります。そしてそれがなかなか治らないので、長く床の上に静かに臥《ね》かされたがために、自分というもの、自分の魂に接せられたのです。人々は多く魂を落として長い旅をしております。そして苦しいとか、困るとか心配とかいってもがいております。しかるに、あなたは何たる仕合わせですか。我が身というものに出逢われたのであります。昔からのあさましい姿の我が身に出逢われたのであります。我が魂に呼び醒まされて我が身が知れ、罪が深いことを知られたがために、切に救いをもとめられるようになったのです。それが本当に我が身を可愛がるためであります。我が身は死ぬものだということにも醒められました。お医者や家族の人達が「病気に障《さわ》るといけないから」と、親切に止められたにもかかわらず、「聞かねばならぬ、死ぬかもしれぬから、なおさら聞かずにおれぬのである。私の一番大事なことだから」と申されて、「ほんとにそうだ、それほどならば」と、お医者も家族の方々も、命をかけて許されたのは尊いことです。「たとい大千世界にみてらん火をも過ぎゆきて、仏の御名《みな》をきく人はながく不退にかなうなり」という事は、こんなことだと思います。聞きたい聞きたいという念願が、あのような重症の真最中から始まったことは、めでたい事でありませんか。そして日々《にちにち》念仏三昧に、法悦を床《とこ》の上にほしいままにさせていただき、未来に安心し未来をよろこび、現在をよろこび、その仕合わせに泣いていられるということは、仏様が病の中にはいって いて下さったのであります。

そして、子や孫や多くの親しい人達が、いまだかつて道を聞いたことのない人達が、驚きと喜びの眼を視張《みは》って、法を聞き道を求められるようになってゆくのは、不思議というほかはありません。家の人達が道を聞き、道を喜んでくれるのは、また、きっと、あなたの喜びであります。自信は教人信《きょうにんしん》であります。自分一人が道を求めて喜ぶことは、一切の人々が喜ぶようになるものであります。そしてそれは仏の大慈悲と本願のお力であります。御力が目前に立ち働いていたもうのであります。

その内に病気が全快して、思う存分、聴聞できる日もありましょう、といいましたら、あなたは、もういい年です、別段この上に長生きしたいとは思いません。このまま死んでも充分であると申されました。本当にそうです。それでこそ、あなたは楽々としたあんな姿で悠々と臥《ね》ていられるのであります。命も自由になるものではありません。病も自由になるものではありません。御仏を知らぬ病人には身の苦しみと心の苦しみとがあります。心の苦しみは身の苦しみよりも幾層倍《いくそうばい》苦しいかしれません。あなたには心の苦しみはないようであります。それはあなたの何よりの仕合わせであります。いかに多くの財産があっても、病苦をなくすることは出来ません。まして心の苦《くるし》みはどうすることも出来ません。しかるにあなたは何たる仕合わせでありましょう。いかほど喜ばれても本当に飽き足りのない喜びであります。自分の内に来てくだされてある仏様、自分の外《ほか》に現われて下されてある仏様、また常に自分の前に立って導いて下さる仏様の御慈悲を、御名《み》をとなえてお喜びなさい。仏様の御恩を讃嘆し、感謝するほかに、あなたの仕事はありません。その上は、仏意のままにして頂くばかりであります。

もう一遍申します。あなたは、自分の病気を多年の苦労の結果と思わるるかもしれません。また、あなたの心を常に煩わしておる一つの事柄もその原因ではありましょうけれども、それらは皆あなたに、今日の信の喜びをあらしめんとしての、如来の御方便でありました。自分の罪の報いだとばかり考えらるる事は間違いであります。罪の報いである事がそれは事実でありましょう。人は苦しいことが起こると罪の報い、すなわち罰であるという一面を見ます。それに違いはありませんが、その中《うち》に如来様の慈悲の御涙の入っておる事を忘れてはなりません。

一代五十年間、昼夜に奮闘努力しても、人間の苦しみは、次からつぎへと、絶えずやってきます。安楽を得ようとして、苦しみを得ておるのであります。罪を造っては報いを受けておるといってもいいのです。しかしです、一代五十年間のいろいろの苦しみと、いろいろの罪は、ついにあなたを眼醒めしめて、真剣に道を求むるようにせしめたのであります。救いを求めしめ、仏を求めしめたのであります。そして、あなたの口から、御名号が出るようになったのであります。仏はあなたの口から御名号を出さしめようとして、一生の間、種々な方便をおとり下さったことであります。一生の間、あなたは仏に行かずして、どうかして、他の方法によって自分の力でもって、何とかして安心と安楽とを得ようとなされたのでありましょう。しかしながらそれは駄目でした。そして、今ある苦しい事さえどうにもならぬことをお知りになりました。それは一生の間、仏のお力によって追われておったのであります。御仏に行かずには、どうして息を安むる事ができましょう。

この南無阿弥陀仏は名体《みょうたい》不二《ふに》の名号と申しまして、御《み》名がすなわち仏様であります。仏様は御《おん》自らを知らしめるために、御名が人の口から称えらるるようにと御誓いなされたのであります。御《お》名号が我が口から出るという事は、仏様が私の内に来て下されてあることを知らしめんためであります。古徳は「南無といえば阿弥陀きにけりひとつみを、我とやいわん仏とやいわん」と喜ばれました。どうもならぬ一つの苦しい事というのも、それは仏様が、あなたに、本真に救いを求め、道を求めしめんがため、あなたの手がみ仏を拝み、あなたの口から本当の御名号を出さんがためであります。一代の事柄は皆あなたに御念仏を申さしめんためであります。今の苦しいその事は、あなたをして、自分の罪を知らしめ、その事によって、あなたに御名を称えしめんためであります。御念仏を称えることによって、今あなたは大慈悲の仏様のましますことを知るようになり、離れたまわぬ救いである仏の御慈悲をよろこぶようになられたのであります。実に何事も何事も、よくよく考えれば、一つとして仏恩ならざるはなしであります。

五十年の過去も、御慈悲の光にみちています。現在も御慈悲の御光《み》にいだかれておるのであります。未来も、御慈悲の光にみちています。すべてが御光にみちています。尊いことであります、有難いことであります。

では、静かに御養生《ごようじょう》なさいますように、御光《み》の中に……

# 弟よ

おまえがいなくなってから
はや百三十余日になる
心忙しく暮らすので、とんと逢えなかったが
今日は朝から思いつづけて
今夜はお前と向かい合い
ひとりしずかに坐っている

死んで間もなく御影《みかげ》にはしり
「別るるまで」を書いてから
お前に久しく逢わなんだ
いやいや時々逢ってはいたが
じっと顔を合わさなんだ
ちらと逢っても見つめていると

この胸が痛くなるので
自然と顔をそむけるようになる
逢いたさ痛さがもつれるのだ
けれども今日は遇《あ》わずにおれなくなったのだ
分かれてからかえってはっきり逢うことができる

おまえの三つぐらいの時
お前は病気になった
母はお前を背に負って
毎日お医者に通われた
ある夜のこと、母はがっかりしたように
おまえを背から下ろされた

どうも大病だから引きうけられぬ
他の医者に診《み》せたければ診せるがよい
わしの方へは連れて来ても来なくても

どちらでもよいとお医者がいわれたと
母ははやあきらめていた
忘れもせぬ本堂の隅で
皆がそれを聞いたとき
泣くにはあまりに強い驚きと恐れとにうたれて
皆は黙って坐っていた

黙ってはいたが、あくる日は皆が
昨日までお前の欲しがったものを
あれやこれやと、てんでにお前に与えたのだ
父は貧乏のなかから
立派なおもちゃの汽車を買ってきて
お前の前に置かれた

せめてはお前の飛びついて、喜ぶのでも見たかったのであろう
それにおまえは、ちょっと見たきり

ニッコリともせず
うるさそうに、それを手で掻きすてた
それほどお前はつらかったのだろう
それを見たみんなは、がっかりして
いよいよ駄目とあきらめた
それだのにお前は、不思議にも
今日まで生きのびたのだ
逆境のどん底から生まれてきたのだけれど
兄弟のなかで、一番気高い顔をして
尊い姿をもっていたのを、わしははっきり覚えている

その尊い姿もいつのまにか消えうせて
あとを止どめずなったのを
わしはいつも悲しんだ
憂き世の荒い雨風に、曝されてきたためか
それもそのはず、お互いに

息をつくひまもなかったのだ
手をとり合って春の野空をゆくような
うちくつろいだ心もちは
一生の間になかったのだ
ほんにお前は可愛そうだ
ほんにわしも可愛そうだ

学校の好きなお前に
小学の六年でやめさせたのは気の毒だ
けれどもお前は、よくききわけて
はいはいといって承知した
そして似合わぬ丁稚《でっち》奉公にやられた
小さい時から勝ち気なお前には
随分つらいことだったろう
けれども、手を引かんばかりにして
連れて行ったわしの心もつらかった

稚《ちい》さいお前は、貧乏のためと思っていたかもしれんが、それもそうだが
それにはもっと深いわけがあったのだ
それをお前は知っていただろうか

父母の生活を軽くするのもその一つだが
もう一つは
あの逆境のなかに悩みぬいた揚げ句
妹を薬ものませず死なしたその夜から
父の精神状態に異状が起こっていたのだ
その後の家庭の悲惨は
きっとお前も覚えているだろう
そのなかに、稚《おさな》いお前を置くことは
きっとお前の精神を毀《こわ》すであろうと
そこからお前を逃《のが》れしめたいため
救い出したいためであったのだ
お前を可愛がる方法としては

それより外になかったのだ

お前は何と思っていたかもしれんが
すでに身を損《そこな》わんとしていたのだった
それに気づいたわしは
お前を浅江医師に診せたんだ
現状のままに置いては危ないと
医師は忠告してくれた
それでわしは断乎として決心したのだ
馴れぬことをしてお前は
随分つらかりそうだったが
それでも健康を得てくるのを見て
わしはひそかに喜んでいた

それでも、往来でお前と逢った時
わしは法衣を着けて、のん気そうに歩いていて

厚司《あつし》姿のお前が荷車を曳《ひ》いておるのを見る時は
何とも言えぬ切なさに、胸はいつも轟《とどろ》いた
けれども平気な風をして
「どうだ……元気にやれ」というと
お前はただ淋しい微笑を見せて
黙って離れてゆくのだった
その後ろ姿を見かえるとき
わしの胸は張り裂けそうになる
けれども、わしは、きっと堪《こ》らえて
歩き去るのであった
あちらに三年、こちらに四年
七年ほどお前は家を出ておった
わしはお前を出していた

お前は突然帰って来て
もう奉公はせぬといい出した

今では私ひとりを食わせぬこともあるまいから
家におるといい出した
わしはお前が実業の方へ向かうがよいと思うけれど
強いて出てゆけとも云えなかった

お前が学校へいくと云い出したので
わしは、びっくりした
七年も学校をやめて丁稚奉公をしていたのに
十九の年から学校へ通おうというのだから
わしは感心もしたが驚きもした
貯めた貯金のあるかぎり
学校へゆくのだと、どしどし勉強し始めた

桃中の四年級に受験して通ったと聞いたとき
それほどやりたい学問を
ささなかったのは済まなんだと思った

生活上にも学資にも、困るんだが
わしは何ともいう言葉がなかった
わしは煙草をやめた
一年間もやめたのは、あの時だけである

お前は毎日、ぼろ服を着て、ぼろ靴をはいて
平気な顔して、どしどし通った
そして二年の後卒業した
あの時には、わしも心底から嬉しかった
お前の一心に引きずられて
兄でなしのこのわしではあるが
親子兄弟が二年間を一緒に暮らしたのは
ほんとに嬉しいことだった
今となってはなおさらうれしい

気ままもののわしには

勝手なことが多かっただろうに
お前は何も云わなんだ
そして勉強の間には、精一杯家事の助けをしてくれた
その心のうちもわかっている
学業の忙しい間から
毎月の成同講演の準備や世話を
ひとりでやってくれたのも嬉しかった

盲腸炎で、高安病院へ担ぎ込んだとき
お前は再び家へ帰らないのかと悲しんだ
そして覚悟すべく云い渡されたときは、苦しかった
無論、お前には云わなかった
家のものにも言わなかった
あの時も、わしはひとりで背負っておったのだ
その方がわしには楽だったのだ

お前は何も云わぬ男だ
他の家におった間のことも、何ひとつ云わなんだ
一切話さないで了《しま》った男だ
一生黙って通り過ぎたような男だ

折島家へゆくことをお前に初めて話したら
平生のお前としては滅多に承知しまいと思うのに
不思議にお前は承諾した
ほんのはだかでゆくようにといったのは
考えてみれば気の毒だった
せっかくそこそこにして行ったのに
間もなくこんなことになってしまった
これからお前の世界が開いてくると思ったのに
お前は気の毒だった

けれども丁度よかったのだ

不思議じゃないか
偶然お前がころげこんで
とうとうそのままこの家で死んで去った
それが皆んな好いことだったのだ

わしが死の宣告をした時
そして望むことは何でもしてあげるといった時
そんならわたしは、折島家から離れてこの家へ帰りますと、お前はいった
そして即刻、わしを御影《みかげ》へ走らした
変な男だと思ったが
それも考えてみると好いことだった
お前は、そうすることが
折島家のためにも、自分のためにも
好いことだというんだが、ほんとにそうだった
癇性《かんしょう》の、キッチリ屋の
人に迷惑をかけることの嫌いなお前としては

以前からよく考えていたのであろう

お前が倒れ込んだとき
ゆっくりここで養生をせよといったのに
お前は気兼ねをして、また折島家のことを心配して
帰る帰るといっていた
家にゆっくりおったことの少ないお前が
心おきなく腰をおろして養生することは
父や母はもとより、兄弟にも、またわしにも
暖かい嬉しいものがあったのだ
そして母や弟らは、懸命になって看護をした
それによって、親と子と、兄と弟との真情を
互いに知り合うことができた
そして家の者は、病というものを充分に味わった
それが彼らにとって
どれだけいいことだったかしれない

そして最後まで
骨と皮になってゆく
恐ろしいまでに変わりゆく人間の運命というものを
手に触れつつ目に摺《す》り込まれたことは
容易に味わうことのできぬ尊いものであった

ほんとに、わしは、辛い痛さを味わった
けれどもそれがわしに
いかに多くのものをもたらしたかもしれない
お前が、種々の点で
わしの道を明らかにしてくれたことを
わしはお前に感謝する

お前はわしの弟か
お前は仏であったのか
お前はわしの所有であったのか

お前は仏の使いだったのか
わしはお前の世話をしてきたと思っていたが
お前はわしに世話をさしていたのだ
お前はわしによって育てられて
静かに一生を了《おわ》ったようだが
実は道にすすむわしを作ったのだ

ああ、わしは礼拝する
わしはお前を礼拝する
お前は菩薩であったのか
お前は観音であったのか
お前は勢至《せいし》であったのか
お前はわしの弟であったから、よく菩薩たり得たのだ
わしは、ほんとうに菩薩を知った
人間である菩薩を知った
人間であるわしには、人間を通してでなくては

菩薩を拝むことはできない

仏は菩薩の上に
普薩は人間の上に
人間の中でも骨肉の上に
最も明らかに知ることができよう

わしは、もう一遍眼を浄《きよ》めて
この世に出生したお前の相を、一生の相を
初めから見直して
新しくお前と逢わねばならぬ
そして幾度も新しく見直すことであろう
そして、その裡《うら》に流れているものを
汲みとることを怠るまい
怠ることを欲しない

お前から出ている光をみるとき
わしの心はからっとする
折島家でもお前によっていろいろの善きことが引き出されているということだ
導かれているということだ
お前の相はそこにも動いているのか
ああお前の一生はそれで充分だったのだ

死の宣告をされたその夜中に
お前は弟を督《とく》して最後の整理をし始めた
父に渡すべきものは父に
母に渡すべきものは母に
弟に分かつべきものは弟に
珠数はちゃんと、しずかに枕頭に置かしめた
わしが手近のものだけでよかろう、あとは
一切引きうけて整理もし処分もしてやるといったら
「それでもよいなあ」といって

安心したようにお前はわしに一任した
それでお前の遺したものは
なるべく注意して、与うべきものは人々に
使うべき金は快く使った

今夜は
久々お前と逢って、今昔の物語をして
わしは泣きもしたが喜びもした
苦しくもあったが嬉しくもあった
これで胸がすっきりした
話をすれば限りがない
もう東の空が白んで来た
雀の声が聞こえて来た
別院の梵鐘《ぼんしょう》がなっている

去年の春から治っていたわしの持病は

お前の病中から起こり始めて
あれなり今に治らないが
お前の病中の悩みとは比べものにはならない
わしは亡き妹のこと、お前のことを想うとき
わしの心は奮い起つ
大事にはするが、つづくかぎり
わしはこの身を擦《す》りへらしてゆこう
命のかぎり燃焼しつくしてみよう
さらば

# 愛のなやみ（一）

「この頃、大変苦しい事が起こりまして、苦しくて困っておるのです」

「どんな事が起こったのですか」

「きっと笑われたり、叱られたりすると思いますが、叱られても笑われてもよいのです。この苦しい心がどうかなりたいと思ってまいりました……実は長男に嫁を迎えましたのですが、彼が大学を卒業する前から、申し上げておりましたように、やっと卒業して就任もしたものですから、至急に、あちらこちら嫁の候補者を索《もと》めまして、やっとあれの気に入ったのを決めました。先達《せんだっ》て彼は嫁をとりに家へ帰ったのであります」

「それはお目出度いことですね。よほど前から嫁々と云って心配していられたのですから、やれやれですね、さぞ安心でしょう」

「いや、それはそうなのですけれども、その事について苦しみが湧いてきたのであります。嫁が来た早々から、私は退《ど》けものにされてしまっておるのです、私は腹が立って苦しくてたまらないのです。嫁が来て間もないのに、何事も皆嫁と相談して、その上に嫁の親まで来て、三人で何事も相談します。一室にばかり寄り合って、三人が相談して、任地へ出発する旅行準備をするのであります。ついには電話をかけて毛布じゃとか何じゃとか、贅沢なものを洋品屋へ注文しておるのです。そして女持ちの夏のシルクのハンカチーフまであれが注文しているのです。そして私には何一つ相談せずに、私の部屋へはちっとも来ぬのであります」

「それはなかなか業《ごう》の煮えることですね、つまり姤《や》けるのですね」

「別だん、そうでもありませんが、馬鹿馬鹿しいじゃありませんか。そして私は台所で嫁の親などの接待や食事の準備などをバタバタしておるのです。何だか腹が立って仕方がないのです。私は小さい時から、あれが可愛ゆくて、あれの病気のときなどは神様へ願って寒中に水垢離《みずごり》までとって大きくしたのです。それだのに早《は》や私を棄てるのです。あれがどうぞ立派になるように、一人前になるようにと、そればかり楽しみにしてきたのです。それに、のけものにされるのです。何ぼ堪《こら》えていようと思っても思えば思うほど腹が立ちます。それでも嫌な姑《しゅうとめ》じゃと云われとうないものですから、憤《おこ》った顔を見せたくありませんので、笑っていようと思うのですけれども、そう思うとなおさら苦しくてならぬのです」

「つまり、何もかも、あなたに相談してほしいのですね。そしてあれはああ、これはこうと、万事に指図《さしず》をして母親らしい顔がしたいのですね。そして良い姑ぶりを発揮して嫁にも見てもらいたいのですね。そして母親としての功勲《てがら》をみとめてほしいのでしょう。しかるに、その予想がはずれて、令息は相手が出来たものですから、あなたに相談する必要がなくなったのですね。あなたに相談するよりは嫁に相談した方が埒《らち》がよろしいのでしょう。あなたは何でも心得ておる一かどの婦人でありあるように思っておられるようですが、どうせ時代遅れなんですよ。こういうと腹が立つでしょうけれども、実際そうだと思います。東京の真ん中に長く住んだ令息から見れば田舎者《いなかもの》の母親なんかが相談相手になるものですか。私だって父や母の云う事はききませんな。相談もしてその命に従ったら喜ぶであろうとは思いますが、実際相談相手になりませんね。勿論交際の広いあなたとは比べられぬとしても、時代遅れの、現代の社会を解せぬ点においては五十歩百歩だということは察せられます。どうです、そうじゃありますまいか」

「でも、あれらが三人依って相談して、時々父親の所へは相談にゆくのです……私の部屋を通り越して……そして父親は、ウン、ヨシヨシと云ってお金を出してやっておるのです」

「それはあなたよりは父親の方が世間にも通じており、理解があるからでしょう。その上、父親にはお金を貰わにゃならぬと云う必要があるんですもの、談にも行きましょうて」

「嫁をとる前からでも、私の苦労と云うものは一通りじゃありませんのに、ちっとも私に相談せず、私に聞かしてくれんのです」

「あなたは相談してほしいのですか」

「そうです、私もいろいろ心配しておるのですから」

「そこがほんとうの親なもんだから、他人行儀をやらぬのですよ。養子でも貰っておくと義理にでも母親に相談しますよ。それは必要がなくても策略としてでも相談をしましょうが、そこが実の親ですから、必要な事は助けてもらいますが、不必要であれば遠慮会釈なくやってゆくのでしょう」

「でも嫁なり嫁の親などは、ちっとは、義理にでも私に相談してもよかろうと思います。」

「義理にでもそうしてほしい、我が子に注意してなりとも、そうさしてくれてもよいなどと、そろそろ我が子までを他人行儀に扱おうとしているのですね。それではしまいには本当に棄てられますよ……ああ分かった、あなたは女王になりたいのですね、女王に」

「そうでしょうか、女王とは何の事です」

「あなたの心の底には自分が一番豪《えら》いものになりたいというのでしょう。家庭中の首位にあがって崇《あが》められたいのです。その野心が失敗したもんだから、腹が立ったり悔《くや》しくなったりするのです。敗将の悲哀ですね。よく考えて御覧なさい。水垢離《みずごり》までとって育ててきたと云われますが、その一つでいかに令息を愛し、いかに心をつくしてこられたかは判《わか》ります。けれどもその恩を今思ってほしい、知ってほしいと思うのは、つまり恩を売っておったのです。しかるに今日になってみるとその代価が払われずして、恩の取りどくをやられたかと思う残念さですね。恩の売買ですね。売買しようと思いますから、先方には恩恵などは感じられないのでしょう」

「まさか子を育てるのに、そんなひどい事は思っていません」

「その時は可愛い可愛いと思って、ほんとの慈愛だと思って世話をしていたのでしょうが、ただ今になって、悔しくなったり馬鹿らしくなったりする所からかえりみると、売買であり取引であり交換であった事がわかるじゃありませんか。人間はやっておる時には自分の欠点は判らないものです。行き当たって振り返って考えるとよく判ります。御令息に現在のあなたの心中を悉《ことごと》く話すならば、さぞ驚くことでしょう。親の愛でめぐみを貰っておったと思っていたのに、返さにゃならぬのかと思ったら愛想《あいそ》がつきる事でしょう。一体恩に着せるのは忘るるなよという事です。忘るるなと云う事は、いつかは倍にも三倍にもして返せよと云うことです。それが売買でなくて何でしょう。やった代わりにくれ、取引をしようと云うのです。それが営利事業でなくて何でしょう。大抵の親の不平は営利事業の失敗です。

あなたは、一つうまい事をやろうと長く謀《たく》らんできたのが、今日当てがはずれてまんまとやられた失敗の残念さですね。可愛がって育てておいたら、きっと大事にしてくれるだろうと思って、それを楽しみにしてきたのでしょう。」

「そんな事を考えて子が育てられるものですか」

「無論、乳飲み子であった時分は、ほんとの親の愛でしょう。いや、乳飲み子の時分からでも不純なものがありましょう。その顔を見、その動作、その頭脳をみて、親の欲目で此奴《こやつ》はどうも豪《えら》いものになりそうだと見込みをつけて、楽しんでいるものです。そもそも、その時分から怪しい愛です。此奴は者になりそうだから大事にして育てねばならぬなどと思うものです。それをも愛の心からだと云えば云えましょうが、少なくとも純なものじゃないと思います。それが大きくなるにつれて不純物が数多くなるのです。それは失敗した今度のような時にやっと判るのですよ。遅いですな、もっと早く判ると、今度のような事にはならぬのだったかもしれません。我が子をとらえて見込みをつけたり、見込みがないと云って落胆したりする人がありますが、あの時に、もう親の愛は消えて営利事業の考えが起こっておるのです。可愛いというなら、それは営利的に可愛いのです、つまり自分の楽しみにしたり、自分のためにしようという考えがあるのです。他人の子を育てる人は多くそう云っています。見込みのあるものを捜して育てようとしています。水臭い考えです。他人でない自分の子にさえ見込みをつけるのです。見込みをつけるものには失敗の苦痛が起こってきます。自分の思うようにならなかった時にはきっと後悔します。損をしたと思います。残念がるのです。すなわち見込みがはずれたのです……

あなたは父よりもお前を思っておるものは、このわしじゃぞ、という事を彼に知ってほしいのではありませんか。可愛がって苦労をして育ててきた事を知ってほしいのではありませんか。父からは離れても自分からは離れぬようにと、苦心してきたのではありませんか。そしてやれやれ大学も卒業して立派になった。しかし、お前はわしの育てた、わしの所有物である。あの子さえあるならば年老いてもよい、頼みになる、父が死んでも、あれさえついておれば老後は安心じゃと喜んでいたのでしょう。可愛いから嫁をもらってやろうと云うよりも、（そんな心もあったとしても、きっと、それだけではなく、何でも善き嫁をと捜す時に、果たして彼のためばかりを考えて捜したでしょうか）自分に都合のよい嫁をと思って捜さなかったでしょうか。わしの家の家風に合うような、つまり自分の好きなようになりそうな嫁をと捜さなかったでしょうか。息子の嫁を捜したのですか、自分の嫁を捜したのですか」

「そりゃ家のためも、私のためも考えました」

「わしの子に、わしが嫁を貰ってやって、嫁はわしの思うように仕込んで、わしのものとしようと思ったのでしょう。子も嫁も自分の家来のようにしようと思っていたのでしょう。それが女王になろうとする心です。自分の思うようにそだてて、これは私の嫁ですと姑ぶりを発揮しようと思い、そうして一生を楽しく安泰にと考えていたのでしょう。主人なども恐らくは眼中にないのでしょう。主人は金庫係であります。金のいるときには命令して、上手に命令して、はいはいといって金を出さして、そして、女王は、息子と嫁の相談相手となって嘆願を許可してやったり、恵みを施して、何はかくせよ、これはこうしてやろうと、たとい形は優しく母親の慈愛らしい態度でも、心の底は女王でありますす。そして息子と、嫁と嫁の親里の人々が、この女王の足下に跪《ひざまず》いて感謝し合掌し、礼拝してくれるようにしようと思っていたのではありませんか。そして主人には感謝せられ、嫁と息子とが感泣して、一生この御恩は忘れません、一生はあなたに服従して、あなたのために尽くして、あなたを守護いたしますと、心の中に誓いをもさしたかったのでしょう。しかるにそこまで漕ぎつけられないで、この予算が嫁を貰うと同時に裏切られて破れたのです。すなわち、女王になりそこねたのです。彼らを臣下に仕損じた憾《うら》みであります、世の中は、そうお安くは出来ていません」

## 愛のなやみ（二）

「そういわれると何とも云えませんが、どうも十分得心がゆきません。まあ、そういわれても仕方がありませんね。

十日ほどしてすぐ出発をするのだから、万事不都合であろうと思って、東京で新世帯をととのえるまで、わたしが、ついて行ってやろうかと申しましたら、倅《せがれ》が云いますのには、お母さんがついて来ては嫁が気兼ねをするだろうから、よろしい、と云って断りました。私は今まで一番可愛い子でしたのに、今度は恨めしいほど憎くなりました」

「それは、あなたのような心もちでついて来られては困りますからね、それに新婚ですものね。アハハハ、あなたは自分が、ほっとけ坊にされたものだから、おどおどしているのですね。離そまいとして育ててきて、いよいよ一人前の立派なものに仕込んだものだから、ここでしっかり自分にくくりつけて置こうと思ったのが、港で船を破《わ》ったのですから、がっかりするのに無理はありません。自分の愛するものが自分から離れてゆくのを見ているのですから、耐《た》まらぬことでしょうね。御《お》気の毒ですが、静かに御考えなさい。息子さんの方ではさほど意にもとめていないのかもしれません。自分の親ですもの。甘やかして育てられてきた母親なんですもの、何とも思わずに、好きなようにしているのでしょう」

「そうです、あれはさほど何とも思っていないようです。けれども嫁も嫁です。何とか義理にでも云いそうなものです」

「今の若い人達は、そんな水臭い心からの義理や、虚礼をやったり、嘘を云ったりしませんからね。昔の人は嘘にでも都合よく云ったものです。そして後から困ったり苦しんだりしたものですが、今の人は困ることが分かっていたら嘘もいいません。息子さんも嫁さんも、それが本当のところなんでしょうよ。新世帯の世話などは、母親や姑などに厄介にならなくとも、子供じゃあるまいし、金もあるんだから、家も貸りるし、飯も炊きますし、下女もおきます。ちっともあなたの御厄介にならなくてもやってゆきますよ」

「でも、私をつれてゆかないで、嫁の母親がちゃんとついて行っているんです。あまりじゃありませんか」

「ハハン、それは腹が立ったでしょうね。息子さんも新嫁《にいよめ》が可愛いのでしょう。嫁さんは実の親がついて来てくれたら、さぞ都合が好いことでしょうね。嫁と嫁の母親と二人がかりで、可愛いお婿《むこ》さんを大事にするのでしょう。もしもあなたがついて行ったら何とかかとか注意をしたり、古い家政学を講義したり、小言を云ったりして煙《けむ》いことでしょうが、嫁の親だったら定めて都合のいいことでしょう。息子さんはよほどうまく考えましたね。しかしあなたはいよいよ妬《や》ける訳ですね」

「嫁の親もあんまりです」

「世間的に云えば嫁さんも、嫁の親も随分です。もっと上手にやればよいのに、あまり正直なのですね。ちっとは嘘にでも御《お》上手でもいうと、あなたの腹も癒えるわけですのに、しかしあなたにも、ことによると自分の方にそうしらるる欠点があるのかもしれません。性質上、息子さんの気にいらぬようなものを持っているのかもしれませんよ。私の母がそうです。自分では誠実にやっているのですけれども、子供に好かれないのです。一生懸命忠実に愛するのですけれども、兄弟は皆、損な人だ、気の毒な人だといっています。あなたもどこかそんな点が、家庭のものに感じられるのかもしれません」

「どうしたら、いいのでしょうか」

「あなたは本当に可愛いのですか」

「エエ、可愛いのです」

「愛するという事は要求しないことです。与える事です。苦しめない事です。苦しみなく彼を独立せしめる事です。ほんとに可愛いのなら、可愛いようにしてゆかねばならぬじゃありませんか。可愛いから彼の要求するがままに乳房を含《くく》めて育ててきたのではありませんか。着ものも着せ、御馳走も与え、安楽に寝さして大きくしてきたのではありませんか。学校へもやり、学資も送って、いろいろ様々な世話は、皆可愛い心から与えたでありましょう。そこには今求めるような要求はなかったのであります。病人の子ほどなお可愛いというのが、ほんとうの愛でしょう。彼は悩んでいるから、安楽にしてやりたいと思うのです。いとしいのです。出来の悪い子でも我が子ならばなおさら可愛いのです。不具な子をいとしがるのは親の慈悲です。だから我が子が一人前になって、世間に立つようになったら喜ぶのであります。子供の独立は親の理想であらねばなりません。独立するという事は親を要せずして立つという事です。独立という事は親から離れて行き得るという事です。大学を卒業し嫁をもらってやったら、息子はあなたの手から離れて独立したのであります。もしも独立できずして親の手を煩わすようであったら、それこそ悲しまねばならぬことであります。しかるに愛しておるといいながら、何かを要求しておるのは真の愛ではないのです。何かを得ようとしておるのは愛ではないのです。愛されたいと思っておるのは愛ではないのです。捨てられてはならぬというのは愛しているのではありません。放蕩息子の零落するのが可愛いから、乞食してもどこどこまでもついてゆく、ついて行って世話してやるというのは、それが自分を投げ出してあくまでも彼に与えると云うのならば、それが親の愛情だと思います。要求することではなく彼に与えて、ちっとでも彼をして安楽ならしめよう、一人前にならしめたいと思うはずです。それを自己のためにするというのならば、それは本当の愛ではないと思います。だから彼が一人前になり、自分から離れて独立してゆくことは、従前からの自分の理想が実現したのであります。だからかえって喜ばねばならぬのではありませんか」

「そんなことは思えません」

「だから、あなたには本当の愛というものがないのだという事をいっているのです。可愛いとか愛していると か申されますが、それは極めて怪しいのです。真の愛を自分が抱いておったと思わるるから苦しいのです。真の愛を有せなかったことは一重の過ちであり、偽りの愛を真の愛として売らんとしておったところに二重の過ちがあります、それがただ今あなたをこんな苦しい心にしておるのであります。求めずしてあくまでも与えるという心がないならば、自分の愛の純真でない事に気づかねばならぬのです。他を恨むよりも自分の過ちを悔いねばならぬではありませんか。そこから、ちっとは本当の愛が起こってきましょう。一ぺんでも十ぺんでも、その心から出たものには、誰でも有難いと感謝をせずにはおれなくなります。誤った愛の押し売りを続けていながら、感謝の強請をしますから、そこには奪い合いの争奪戦が開始さるるのであります。自分の愛の心をよく検査せなければなりません。そして真の愛の道をちっとでも辿《たど》りましょう。たとい、遅くとも、過《あやま》って改むるに憚《はばか》ることなかれです。始めからやり直しをせねばなりません、愛の洗練をせなくてはなりますまい」

「そんなことが出来るでしょうか」

「出来る出来ぬは第二のことであります。出来ねばやらぬというのですか。やらずに、依然として、営利事業の売買の取引をやろうというのですか。そして他を苦しめ自分も苦しみ、可愛い子と離れてゆくのですか。過ちであったことだけでも分かれば、自分自身に改めねばならんではありませんか。過ちを至当と思っているところに苦悩が盛んになってくるのです。求むべからざるものを求むるのは貪欲《とんよく》です。貪欲の成功しなかった恨《く》やしさに瞋恚《しんい》が起こるのであります。過ちであった事が分かれば求むる事がなくなります。求むるところがなければ苦はなくなるのです。自分も助かり他も助かって真に喜ぶのです。互いに幸福になるのです。与えるものなら、はっきり与えたらどうですか。報酬など求めずに、あなたはあくまでも欲が深いですな」

「わたしはそうケチん坊じゃありませんつもりです。わたしの方が父よりもかえって贅沢なものを買ってやったりして叱らるる位です」

「そんな小さい事ではありません。利己主義ですよ。立派に子供を育てあげて、自分の胸にしかと深い根をおろさして、誰が奪おうとしても、ぬけぬほどにしたかったのに、最後の根を一層つよくしようと思って嫁をもらったら、根が茂る代わりに、あなたの命としておった息子を、自分の大事なものを根こぎにして行ったのです。鳶《とび》がさらっていったようなものですね。そうです、嫁というものは、愛を親から奪ってしまうものですよ。身体をとるばかりでなく、多くは魂までも奪います。女は男の魂を奪わねばやまぬ決心をもっておるものです。あなたの心に問うても直ぐ分かりましょう。親であろうが、兄弟であろうが、友達であろうが、自分以外の者へは横も向かさないようにまで、奪い取らねばやみません。そして自分が独占して夫というものの愛の上に生きてゆかんとするのです。女が安心して生きようとすればそうなる訳です。それが見えぬ間は好いのですけれども、あなたなどはいまだ日が浅いから、そんな事はわからんでしょうけれども、追々そうなってくるのですよ。現に今から早や争奪戦が開始されているのです。序幕ですね。序幕からちっとはっきりしておるのですね。奪われるとあなたは立つ瀬がなくなるのですね。本当に立つ瀬がないのです」

「あなたは仏様を信じているといっていましたが、仏様を本当に信じているのですか。仏様を使っているんじゃありませんか。仏様に救われているのでなくて仏様を利用しているのではありませんか。生活の道具としているのではありませんか。その証拠には今度の苦しみが起こってからは、仏様の御慈悲を喜ぶような事は出来なくなったでしょう。お念仏など喜べぬのでしょう。仏様などはどこかへ行かれたのではありませんか。それは仏様の上に立って暮らさずに、実は息子の上に立っていたのです。今ひとつ加えて嫁の上にも立場を造っておこうと思っておったのでしょう。立場にしようと企てていた嫁が、あなたの生きてゆく根拠を確かにする代わりに、大事の立場である息子というものまでを奪ってしまったと思わるるのでしょう。奪っておらぬにしても、奪われそうな危険が見えてきたのであります。どうも根拠が悪かったのですね。見込みが間違っておったのですね。頼むべからざる自分の心を、自分の智恵をたのみにして安心していたのですね。それが自力の心というのでしょう。頼むべからざる息子というものを頼みにし、頼みにしようと思っていたのです。しかるにこの度はいよいよ頼むべからざる事を知らしてくれているのですよ。仏様が、独立せよということです。人間は他をたのまずして独立せなければ安心も幸福もありません。独立のできぬものは常に他を求めます。そして常に不安であります。常に悩まなくてはなりません」

「人間には人を愛する心があります。親には子を愛する心があります。この心を殺さぬようにしなければなりません。愛するといいながら求めたよってゆくのはついにこの心を損なってしまいます、枯らしてしまいます。それを知らないで、人々は愛の成長だと思っております。愛の芽生えは衰退して欲望となってしまっておるのを知らないのです。だから泣かねばならぬようになるのだと思います。真に愛するのならば、自己が独立して求めないようになることです。自分に充足の心があってこそ、初めて他に対しても多少とも、与えることができるのです。だから自分の心が独立せぬものにあっては、愛の心は起こらぬということなのです。求めねば生きてゆけぬ者に、与える心のあろうはずはありません。求めないで独立するということは自分の救われる事であります。信仰という事です。「心を弘誓《ぐぜい》の仏地に樹《た》て情を難思《なんし》の法海に流す」といわれたのも、そんな味わいを言い顕わされたのでしょう。信ということは仏によって他によらないことであります。単に腹を立てて苦しんでおるのみでは下らぬことです。自分の心が独立さえするならば、要求する心はなくなります。腹も立たなくなるでしょう。喜んでもおれましょう。そしていよいよ愛して、身心をもって必要な場合には助けてあげることも出来ます。愛する者に、永久に与えてゆくことは人間の楽しみの一つであります。自分が他を追わず、他に求めずして、独立できるようにいよいよ自分の道を進まねばなりません。今度の事もあなたを本当にそこに気づかしめ、真に独立せしめようとせられておる御《おん》はからいであると思います」

「息子さんのことをかれこれいって、怒っておっても何にもならぬことです。嫁さんのことをなにかといっておってもあなたの胸はどうにもなるのではありません。嫁の親のことをいっておっても腹が立つばかりであります。そしてそれが自分の胸を苦しめるばかりで、何の役にも立ちません。彼らに善くない点があるとしても、それを誰がどうすることも出来ぬのであります。他人《ひと》の事です。人のことをいっておっても始まりません。自分は自分の事について、自分の道を明らかにして進んでゆくより外はありません。まあ、ゆっくりと、よくよく考え直して道にお進み下さい」

# 己れ一人の道

善いことなら真似でもよいということです。真似ということはあまり感心したことではありませぬが、何もせぬよりはよいではありませぬか。善き人の真似なら悪人の真似よりもよいのであります。蓮如上人が「悪しき者にちかづけば、それには馴《な》れじと思えども、悪事、よりよりにあり。（中略）善人の敵とはなるとも、悪人を友とすることなかれ」といっておられます。善き友は持ちたいものであります。

偽善も三年続けば性となると聞いたことがあります。だから模倣ということも一概に悪いこととはいえませぬ。発明とか独創ということも、模倣から一歩を進めたものに外ならないではありませぬか。物質上のことについても精神上のことについても模倣が進歩発達の基礎となっておるようであります。人間の考えたり行なったりしておることに、まったく模倣をはなれて進むということは出来るものではなかろうと思います。けれども、この模倣心に囚われ、魅せられておるならば、そこには模倣のみがあってその人のものがないのであります。すなわちその人がないのであります。模倣より一歩出て模倣を脱することが大事なのであります。すなわちそれが自分のものであり、自分から出たものであるに至らねばならぬのであります。

自分の心を眺めておりますと、あまりに多く模倣心に占領されておるのを見て厭《いや》になることがあります。模倣心は自己本性の萌芽《めばえ》を育てず、かえってそれを枯らしてしまう恐れがあります。模倣心は自信ある生活をなくします。模倣は他のために心をひかれ、他のために引きずりまわされて悩むこととなります。模倣には生命がありませぬ。生命なく自信なく、外囲のために悩まされていることは、自分自身において哀れなことであります。模倣心は自分の活き活きした心を殺してしまいます。だからこの点については日常生活の上においても、精神問題の上においても、私共はよほど自重《じちょう》してゆかねばならぬのであります。

私共は自分自身の道ということを忘れてはならぬのであります。外的に生活してゆく時にも道があります。すなわち各自各自において生きてゆき暮らしてゆく道が異なるのであります。自然、内的に精神上においても各自に異なったかたちをとって道を進むようになるのであります。しかるに人の花は赤く見えてならないところから、ともすると人の道を羨望して模倣心が頭をもたげてくるのです。人が金を貯めたと聞くと俺も金を貯めねばならぬと思い、そして大急ぎに一向にそれを思念して、もがいたり、焦《あせ》ったり、悶えたりするのであります。そしてそのことが自分のためにどれほど必要なことであるか、大事なことであるかと、静かに考える余裕さえなくなるのであります。そして自分には金よりも、もっともっと必要なもののあることをも忘れてしまい、その努力よりも、もっと緊要な努力をせねばならぬことのあるのを、忘れてしまうのであります。また名誉を得た人々があると、今度は金を忘れて直ちに名誉に走り、ひたすらこれを得んと思いこれに腐心するようになるのであります。また反対に名誉を命としていたのが金の方へ乗りかえることもあります。友が博士になった、権官に昇った、金をためたと聞くと、そのたびにたまらなくなって、人を羨《うらや》み、自分を儚《はかな》み、自己の運命を悲しみ、人を呪うようになったりするのです。そしてそれが得られぬ場合には生きておる所詮がない程に思いつめるものであります。これは皆模倣心からであります。人真似であります。人が妻を迎えると自分も妻を娶《めと》らねばならぬと思ったり、人が嫁にゆくと自分も早く嫁にゆかねばならぬと思ったりして、それが思うようにならぬと、儚《はかな》んで病気になったり死んだりする人さえあります。つまりそれが出来ねば生きている甲斐がないと思うのであります。一人前の人間でないように思いつめるのであります。学問についてもそうであります。茶や花や音楽等についても同様であります。一切のことについて多くはそういう心が起こり、絶えず周囲や他人に動かされて、真似をしたい心ばかりで引きずりまわされているようであります。何と自信のないことかと思います。かかる場合とかかる心については、私共は静かに省察して、人は人、自分は自分、人は何ともあれ自分は自分のとるべき道を明らかにして進まねばならぬのであります。たとい何百人が東に走ろうとも、西に進むのが自分のとるべき道であるならば、断固として西に進みたいではありませぬか。もし自分が東に向かっていたのが誤りであって、人が西に進んでゆくのが本当の道であると気づくならば、自分も西に進まねばならぬのであります。人の真似になるからと思って、あながちに人と反対の方に行くというのではありませぬ。もしそうであるならば、それは痩せ我慢というものであります。単に人のすることはせぬというならば、一種の変人に過ぎぬこととなります。人のしたことが正に自分のなすべきことであるならば、進んで模倣、否《いな》自分の道を進まねばならぬのであります。けれども自分に反省してそれがただ模倣心にのみ駆られて動かされておるのならば、それは決して許してはならないのであります。衆多《しゅうた》は必ずしも善ではありませぬ。群衆に動かされておっては我が心は絶えざる動乱であります。群衆に倣《なら》っておっては自分はどんなこととなるかもしれません。

真似や模倣の生活は自分の生活ではありませぬ。それは人の生活をせんとしておるのであります。自分の生活を持たぬ人であります。自分を持たぬ人であります。周囲に動かされてやった模倣生活には力がありませぬ。やってみて案外つまらぬという歎《なげ》きを残すのは、元より自分の生活がなかったからであります。それは人の生活をしていたからであります。

人は各々境遇がちがいます。性格も性能も異なっているのでありますから、人と同じように歩調をそろえて進むということは無理なことであります。したがって人のすることで自分のできぬ事がありますよしや自分に出来るとしても、その時とその場合の境遇がゆるさぬことがあります。人が山に登っている時に自分は谷を渡らねばならぬこともあります。人が平地を歩いている時に自分は峻坂《しゅんはん》を登らねばならぬこともあります。人が健康であって自分が病気のこともあれば、自分が健康で人が病んでいる時もあります。人は人の道、自分は自分の道を、静々《しずしず》と堅実にたどってゆけばよいのです。人生に生まれてどれだけの事を是非せねばならぬと制定されているわけではありませぬから、ただいよいよと自分一人に与えられた道を辿《たど》ってゆけばいいのです。しかるに誰にも猿真似根性があって、それがために自分の道が分からなくなって、ついには迷惑困乱に陥ってしまうものであります。

いずれが自分の道であろうかと探し回ったり、どうすればよいのかと思いわずらったりします。しかしてそれがため自分の脚下にある道さえも見失ってしまうのであります。与えられ指し示されてある道を忠実に辿ってゆけば、道は前方より自然に開かれてくるのであります。外的なる生活の道、それはまた内的に心の道を開き与えてくれるものであります。努力は自分の道の上に努力精進せねばならぬのであります。

外的にも内的にも、私共は模倣を離れて、自分の生活をはじめねばならぬのであります。自分の道をゆかねばならぬのであります。

# 幣原新治郎翁

翁の死去されたことを新聞で知ったので、私は静養中であったけれども、じっとしておられず、名《な》残《ご》り惜しさに、京阪電車にのって古川橋で下り、北河内郡門真《かどま》村なる翁の家を訪《と》い、柩《ひつぎ》の前に翁との最後のわかれを告げ、信を語り合った過去の追憶を家族の方々と話し合ったりして辞したことである。

翁は七十五歳の高齢であったが、その容貌矍鑠《かくしゃく》たるばかりでなく、実に老いたる青年であった。

三年ほど以前のことである。御影《みかげ》の常順寺へやってこられて、互いに道を語り合うようになったのである。私もしっかり道を聴聞しようと思いますといっておられた。そして会合のある時には、大抵出席しておられた。雨の日も風の日も、時には風雨の夜などをも敢《あ》えて辞せずやってこられた。

「私はいい年をして、今頃気がついて聴き出しておるのですから、解りにくくて困ります」といって、一生懸命に聴いておられた。「いつ頃から聞き始めたのですか」というと「聴聞は新米であります。去年、広島の倅《せがれ》の所へ遊びにいっておりました時、ふとお寺へ詣《まい》りまして、その御話が有難くて、ハテこんなのが真宗の御話なら、一つ聴かねばならぬと気付きまして、それからでありますと」といっていられた。

段々親しくなって、話し合ってみると、知った顔は至ってせぬ人であったが、なかなか去年や今年から聞きはじめたのでないらしい。若い時分に一通り聴聞したのですね。そして坊主の話しに愛想《あいそ》をつかして、宗教に見切りをつけて今日まで遠ざかっていたのですね」と皮肉にいうと、翁はあの二つの白い眉をピクピク動かして、ただ、あははと笑っておられた。そして慎み深く何も云われなかった。

講習会の時など、若いもの同士が語り合って、老人として翁を顧みないようなことがあり、気の毒に見えた事もある。けれども、老人によくありがちな老人なるがゆえに疎《うと》んじられたというような態度はなく、やはり眼を光らして、道を求めておられた。側《そば》からその様子を見て、私はひそかに尊く思っていた。

時々、縷々《るる》として自己の領得した信念を披瀝《ひれき》さるることがある。こう信じておるがどうだ、悪ければ云ってくれといわるる。駄目だというと、翁はそれではまたよく考えるといって帰られる。ある時また縷々と大自信をもって語られた。「如何《いかん》」と、「未《いま》だし」というと、翁は低頭して帰られた。後に東兄《あずまけい》から聞くと「幣原老人は憤《おこ》って帰ったぞ、もう私の御縁もこれまでであります、と断って帰っていった」ということであった。私もさすが快い気はせぬけれども、当たり前のことをいっておるのだ。気がつかねばそれこそそれまでだ。ただ老人としてはあまりに熱誠《ねっせい》に道を求めらるるがゆえに、愛するから云うのに、それが理解されねばしかたがないと思っていたのであった。

ものの半月も隔《た》つと、翁は知らぬ顔をして、例の白髯《はくぜん》の赤顔をにこにこしてやって来られる。もうこれまでだといって帰ったというになあと、不思議に思っていると、翁は、そんなことは少しも云わず、忘れたようにしてまた語り合ってゆかるる。その度ごとに翁の顔が変化してゆく。魂の養われてゆくのが、ほの見えて何となく嬉しく懐かしかった。その以後は心中を聞いてくれなどと云わることはなく、ただ法悦が深まってゆくばかりのようであった。

大阪地方で立派な子を持った人として、豪《えら》いとも云われ、また仕合わせ者として知られておる。長男は幣原坦《たいら》氏で広島高等師範の校長であって（現在は図書局長）有名な人であり、次男は駐米大使の幣原喜重郎氏である。長女は家にあり、次女は十七、八歳の時すでに医師の資格を得られ、あまり若いので二十歳過ぎるまで開業を見合わしたという事で、現在は御影に開業していられる。翁が御影《みかげ》地方に聞法せんとする時は、常にこの家に泊まっていられた。

翁は子福者《こふくじゃ》としていい仕合わせ者である。自分も喜んでいられた。一夜懐旧談をせられた事がある。

「私は御覧の通りの無学な百姓でありますから、何一つろくなことは出来ませんが、一つ子供を立派に育てたいと思いました。

そのために私は厳格に育てました。子供を私の膝の上へ上げるというようなことは一切しませんでした。可愛いには可愛いのですけれども、世間を見ますとあまりに可愛がり過ぎて、父の云うことを聞かなくしたりしますから、私は厳格にせねばならぬと存じまして、母親は抱いたり膝に乗せたり甘やかしたりすることがありますが、私は一切しませなんだ」

と。私は外《ほか》に聞いたこともあったが皆忘れた。ただ膝に乗せぬといわれたことだけ残っている。私がそれを聞いて感心せぬ顔でもしたものか、翁は、「どうでしょう、私の教育法は間違っていましょうか」と問われた。「あなたの場合には幸いに善い子ばかり出来たから、あの厳格法がいいと思えるのでしょうが、それがいいとばかりは限りますまい」と答えたことを覚えている。しかし、翁がいかに子女を教育するために苦慮せられたかはこれによって察せらるるのである。私達は子を育てるという事に、それだけの事を考え、かつ実行しているであろうかと、顧みて私は恥じた。ただ可愛いと思っている、そして玩《もてあそ》んでいるけれども、子のために尽くしてはいないのである。この親にしてこの子ありだと思わざるを得ぬ。

「私は親の財産を殖《ふ》やすことはあまり得意でないのです。かえって子女を教育するために、その半ば以上の田地をなくしました。私は子女教育のためには使ってもいいと思いました。親戚などの人々は、親切からではありますが、皆やかましくいったものです。大分前のことですから、百姓のなりして、子供を教育して何にするとか、大学を卒業さして生意気だとか、何とかかとかいわれました。けれども、とうとうやりました。一旦なくなりました田地も今日では昔ほどに取りかえしました。けれども、一時はよほど決心しました。」

「男の子を一人は文科、一人は法科へ入れたのは、本人の意思ですか、あなたの考えでしたか」というと、「さあ、それには困りました。何分二人とも、今の厳格主義の私に育てられたものですから、子供は皆私の命令に反抗せず、皆よくいう事をきいてくれるのですけれども、高等学校までゆきますると、そこがそれ、私が無学なものですから、何科をやらしていいやら、どんな人間にしていいやら、分かりませんので困りました。それに、手許《てもと》を離れて学校へいっておる者の事は私には考えても分かりません。これは教育をして下さって、日々見ていらるる先生に御相談をして、それぞれ子供を適当な方へやって頂こうと思って、東京まで出かけて、受け持ちの先生と校長さんに御相談をいたしました。それで坦《たいら》の方は文学がよかろうというので文科にいれました。兄の方は小さい時からおとなしい方でした。」弟さんはやんちゃでしたかというと、「弟はあれは、どうもこうもならんやんちゃでしたがな。それで先生も法科がよかろうと申されて法科にいれたのです。」

喜重郎氏が男爵になられた時、東君《あずま》が、お爺さんに、「おめでたい事ですね、そんなら、あなたも男爵になったのですか」と問うたら、「いろいろな話もありましたが、この齢まで田舎にくすぶった百姓爺が、今更男爵の家族なんどになって、たまりますものか。私はやはりこのままが気楽でよろしい」と笑っておられたという事である。

知り合いになって間もない頃であった。人から聞いたままに、「あなたは立派な子を多くもって仕合わせな人ですね」というと、翁は「御蔭《お》さまで」と嬉しそうにしておられた。「資産はあるし子は立派だし長命はする達者ではある仕合わせ者ですね。しかしそれは世間並みの仕合わせであって、もしあなた自身の魂の問題が仕合わせでなかったら、それは本当の仕合わせ者とはいえません。それは境遇や外部の仕合わせで、あなた自身は仕合わせものではありません。外も内もともに仕合わせ者になられることをあなたのために希望します。人が仕合わせ者だといくらいっても、本人は仕合わせでない人がありますから、本当に道を聞いて本当の仕合わせ者にならねばならぬと思います」というと、老人はおもむろに口を開いていう、「子供が少しましなものになりますと、人がおだてまして、おだてあげて何事によらず本当の心からつき合ってくれません」といっておられた。

ある時の話に、

「浄瑠璃でもそうです。天狗連といいますが、あれはよく云ったもので、浄瑠璃ほど天狗になるものはありません。私も若い時には少しやりました。大阪から友人などがよくやって来ますが、人の上を見ていますと、よく分かります。天狗連である間は自分の声は皆好く思えるもので、他人から聞いておると可笑《おか》しい程でも、語る御自分は自惚《うぬぼ》れているものです。それが一たび自分の声が自分に聞こえるようになりますと、もう語られぬようになるものです。そこが止めるか本当の上手になるかの岐《わか》るるところです。そこに気がつけば次第に上達します。

発句《ほっく》でもそうです。私も少々やりましたが、駄目だからこの節はやめております。田舎宗匠《そうしょう》になれとすすめられたことがあります。自惚れに気づくようになって、自分の句の真価が分かるようになりますと恥ずかしうてやれなくなります。

道の上も同じことですな。自分の相《すがた》が見え出しますと、人間は自惚れてはおれませぬなあ」

と、感嘆して、また多くを語らず帰ってゆかれたことがある。

翁は会合に侍《はべ》って、多くの人から多くを聞かれたけれども、どうも得心がゆきかねた様子であって、「一つ大いに読もうかと思います。無学で分からぬでしょうか」といわれたので、「なに分からぬ事はありますまい。聞いて得心がゆかねば読むのですね、読みなさい」とすすめたことがあった。「何を読みましょうか」との問いに対して、「和語の大切なものを通って、最後は聖人の教行信証を拝読するがよろしい」といったら、「その後教行信証を京都から取りよせて、この頃拝読していますが、なかなかむつかしくて困ります」といわれたのに驚いた。七十の老齢をかかえて、道を求めて堅正《けんしょう》にしてしりぞかざる翁の若い魂には驚きかつ敬服せざるを得なかった。長子坦氏《ちょうしたいら》に逢っての追懐談をしたうちに、翁は何事でも達せずにはおけぬ性質があったと聞いて、首肯《しゅこう》したことであるが、世に若き老年があるが、翁のごときは老いたる青年ということを想わせらるる。

法悦の内に充つるに従って、翁は周囲を見ずにはおれなくなったらしい。

ある時、地方寺院の伝道に忠実でないことを慨《がい》せられてあった。私は「今はそんな事を云っておる時ではない。まず自らが道を求めさえすればよい。寺だから伝道に尽くすものだなどと決めなくてもよい。もし自分に充《み》つる法悦があるならば、また周囲を愛するならば、喜んだ人が伝道すればよい。人を咎《とが》めておったとて、何にもならぬ。あなたは、あなただけのことをやればよいのではないか」というと「なるほどそうでしたなあ」といっていられた。「現今は寺がやるより、あなたのような人がやる方が皆が本気になる。あなた方のは商売じゃないですからね、坊主がやるのは商売じゃと思って、かえって人が来ず駄目かもしれぬ」と話し合ったことがあった。

そののち逢って、「どうです」というと、「はいやっています。御寺でやるより若いものらも沢山来ます」といっていられた。「それは結構です。さぞ皆の人々が徳をとることでしょう」というと、「そうですなあ、沢山来ても一つは私の家が珍しいので、好奇心で寄ってくるのもありまして、道を求めて来るのは少ないでしょう」と笑っていられた。月々開いておられた青年の会合がどんなものであったか私は知らない。けれども少なくとも翁が晩年に真に目醒めた喜びから、これを周囲に伝えようとせられたことだけは疑いないことである。

翁はこの心をもって家庭の内を見るようになられた。それは道に進むものの自然の結果である。「子供らの信仰が同一でないのでありますが、致し方がないと思っています」といっておられた。「仕方がないといって諦めておくのはどうかと思う。それは実際、仕方がないかもしれぬけれども、私は諦めておけぬと思う。たとい彼らが無信仰であったり、また他の宗教的信仰に進んでおっても、それが彼らのために本当に彼らの幸福の道であるならば、棄てておいてもいいであろうが、もし自分の辿《たど》った信の道が本当の幸福な道であると信じもし喜びもするならば、私はやはり子供らをもその道に進めたいものである。単に自分が好きだから無理に勧めると言うのではない。家が真宗だから是非真宗の信仰を求めよと強いるのではいけない。彼らがそのままで、あるいはその信仰で本当に幸福者たる真の道を得ておるならば何でもよいが、もしそれで満足できておらぬか、あるいはその道が本当の道でないと思うならば、それがためには努めねばならぬのではあるまいか。それがまた子を愛する真の道ではあるまいかと思う」などと論じ合ったことがあった。「まあ、あなた自身が本当の道を求めて、間違いなき仕合わせ者となることが、何より大事なことである」といって別れたことを記憶している。

一度訪問しようしようと約しながら、何かと妨げられて果たさずに過ぎておった。つい前の月にも懇請《こんせい》を受けながら病院生活をしておったりして、その間に翁の病は突発して病勢は進んで、一月足らずの間に逝かれたのである。遅ればせながら、かねての思いを果たすべく、最後の名残りを惜しもうと翁の住まいを訪れたのであった。

坦《たい》氏《ら》より、「仏法を喜んで終わりまして、皆が喜んでおります。この四年ほどは仏法狂とでもいうほどになりまして困らされたほどでした。しかし仕合わせな一生を終わりました」と喜ばれた時は、私は心から嬉しかった。

かく追憶を記していると、私一人が翁の道友であったようになりはすまいかを恐れておる。しかし、私の知っておる翁を追懐のあまり、せめてもの心やりである。かつ翁を知れる御影における同信の友や、大阪の同心の友に知らしたい念願のためであることをことわっておく。

家族の人の直話《じきわ》によると、翁は毎日ほど火鉢の側《そば》に坐して、暇さえあればその子らに道を語られたということである。私もこんなことは初めて知ったのであるが、私には翁の心もちが分かるようである。切ない心もちが分かるようである。

病床に臥して再び起《た》つことができぬ翁は、依然として道を語らんとし、道を伝えんと願われたそうである。「実は熱心に話しますが、話しますと病気にはきっと後で悪いのですから、話すなといいますのに、病苦が少し楽になると直ぐに、「坦《たいら》よ」と私を呼んで仏法の話を始めるのです。またしばらくすると、「操《みさお》や」と呼んで道を語るのであります。自分でひとり喜んでおる時もあるのですけれども、少し好《よ》いと呼びづめに呼びつけては語るので、病気のためを案じて困りました」ということを柩《ひつぎ》の前で聞かされて、私は泣きたいほど嬉しく、また尊く思いました。かくのごとくしつつ、ついに翁は人生を終わったのである。自己の法悦から、子を思う親心から、最後まで喜び、最後まで子を愛して、この喜びを分かたんとせられた翁の魂がなつかしい。否々《いないな》最後ではない。かくして逝った翁の魂は、永久に歓喜《かんぎ》し永久に語り、永久に子を愛しておるのである。

私の家族のものにしても、また多くの同信の友にしても、あの控え目がちな黙然《もくねん》とした翁に、かかる魂が動いておったという事は考えられないかもしれない。黙して体験した人、眼の明《あ》いていた人、若き魂の求道者として、今なお私の内に活《い》きておるのである。

## 春浅き

風が吹く
　いやな音たてて
庭の立ち樹がびりびりと
葉をふるわしている
春だのに
寒そうに
風が吹く
　いやな音たてて
庭の立ち樹がびりびりと
葉をふるわしている
恐ろしそうに
春だのに

# 報恩講

親鸞聖人のこの世を去られたことを記念してつとむる法莚《ほうえん》を、昔から報恩講と名づけています。この法莚によって聖人を追慕し、聖人の恩徳を感謝するのであります。

本願寺では御正忌《ごしょうき》といっているのですが、地方では報恩講といい習っております。いつ頃から、誰が名付けたのかはしりませんが、好《よ》き意味の名称であると思います。

報恩というのは報仏恩という意味であると思います、また、知恩報徳という意味であると思います。いずれにしても、報恩ということが、仏と聖人とに通ずるのであります。

聖人一代の苦労は、我々に仏恩を知らしめたいのであります。真実に仏恩を知ることは我々のこの上なき幸福になることであります。この心は一切に対して恩を知る心となり、徳を報ずる心となるのであります。報徳、報恩の生活ともなるのであります。

あらゆる物と事に対して恩を感ずるようになることは、幸福なことであり、その心となるには仏恩ということが信知せられなくてはならぬのであります。

恩ということは昔から、徳育として教えられてきたのでありますが、恩を知ることを有難いことだと思うものがありましょうか。不完全ながらにも昔は恩という事を尊いこととして心懸けてきたかもしりませんが、現今において、人智が発達してきた今日としては、恩という思念を肩の凝る重荷として退けようとしてはいまいかと思われます。

親に対する恩、君に対する恩、主人に対する恩、夫に対する恩、社会国家に対する恩、師匠に対する恩、一切に対する恩、と数えきたれば肩は重くて仕方がなくなるのであります。しかし恩を知るということが、仕合わせなことでありますならば、いかほど多くあってもいいのです。けれども、それが多くは重荷として強いられるのであっては、たまらぬことであります。しかしながら聖人においては、他力信念の幸福としての、十ヶ条の中に、知恩報徳の益《やく》といって、この事を自己の幸福として数えておらるるのであります。

現今の人の多くは、なぜ、親に恩を報ぜねばならぬのかという考えがあるようであります。他のすべてに対しても同一の様式で向かっておるようであります。いかに親から恩恵を与えても、本人にとってはどうしても恩恵として感謝することができぬのであります。ちょっと考えてみると恩と思えることでも、深く考究してゆくと恩と感ぜられなくなるのであります。

食えぬのを食わしてもらった時は恩恵を感じます。足らぬで困っておる時に与えられたのは恩恵と感じます。困ったときに助けて貰ったのは恩恵であります。

それらの事は一々有難くないのではありませんが、それらは、ほんの些々《ささ》たる有難さであって、とても、真底から有難いと感ずることができぬものであります。なぜかというと、人間にはその外に、もっともっと沢山な、悩みと不足と不満と、それから不安とが存在しているからであります。そのために事々物々に対しての少恩はとても真底から喜ぶことができぬのであります。あまり厳密に考えなかった間は、生活を得せしめ、小さい苦でも助けて貰ったことを、絶対的に有難く感じたのでもありましょうが、人間は時として生の代わりに死をさえ願わんとするほどの苦悶を抱いておるものですから、その苦悩が取り去られない間は、生きておるということが、かえって苦しみを与えられておるように感ずることさえあるのです。

親は金を貯めてやったといいますが、その金によって苦が増したり、その金が自分の心底からの幸福を産み出さず、あらゆる苦悩を払ってくれぬときは、かえってそれをうらむことさえあります。うらむほどでなくとも、さして有難いとは思えぬのであります。学問にしても、何事にしても、ちょっと一時は感謝して喜ぶことはありますが、その喜びは徹底したものではありませぬ。しかるにそのことに対して感謝をせにゃならぬとか、報恩のつとめをせねばならぬとかなりますと、それは重荷である外《ほか》はありません。

魂の奥には、何物によっても、安心のできぬ満足のできぬ苦悩を、人間としては皆もっているのであります。この不満と不安との魂のままに、その上にいかなる恩恵が与えられようとも、魂の底から本真に感謝感恩の思念になることはできないのであります。

親鸞聖人の問題とせられたのは、この最深、最奥の根本の問題についてであります。何よりも最要なこの事について安心と満足が得られてこそ、それにまで到達せしめる資料となった親の尽力も、与えられた生命も、心から感謝することができるのであります。金も人も、順境も逆境も、それが資料となった点において、また無上の光を発するのであります。

報恩の行為は、知恩の心から流れ出るのであります。行ないをいかほど積んでも、知恩の心は出てきません。知恩の心を得せしめたもうのは、仏の慈悲、仏の本願であります。ゆえに私どもを苦から救って、本当に生きかえり、立ちあがらしてくださるものは、信の力であります。ゆえにこの道を知らしめて下さった聖人を追懐するとき、そこに聖人に対して知恩報徳の思いが起こってくるのであります。聖人を思うとき、本願の仏の恩徳を思うのであります。仏の恩徳が知れたとき、一切を恩として心底より感謝することができるのであります。

本真に感謝できないものに報恩の行ないをせよというのは苦痛を強いるものであります。本当に恩を感じたものにとっては、思うたびごとに幸福を感じて喜びとなるのであります。仏恩を知り、一切の上に恩を知って、感謝することができる人は、その人においてはその事がすでに幸福であります。これに反して一切の恩恵に感謝のできぬ人ほど世に不幸なものはありません。それゆえ、信念の幸福として、知恩報徳という心の起こることを聖人は喜びとしていられるのであります。

その徳に報じようとする心のないのはその事がはや不幸であります。心は本《もと》であり行ないは末であります。その根本の報恩心より出てくる行為は、その事がその人にとっては喜悦であり幸福なのであります。決して重荷ではありません。

それゆえ、報恩講をつとむるということは、聖人の精神をくみ、知恩報徳の心となることが、聖人への第一の報恩であります。報仏恩の信念となったものが心からいささかでも、身口意《しんくい》の三つを運ぶことが報恩講の意味であります。未信の人は、せめて、その幸福をうる身となろうとつとめるのが報恩の意味ともなるのであります。

知恩報徳の幸福をうるには、他力本願を信ずるより他にはないのであります。報恩という字がいかによく聖人の精神と、聖人の道とを表わしておるかと思います。

人間は、皆過去においてこの人世に出た第一の誕生をもっていますが、そのままではどうしても考えれば考えるほど幸福ではありません。是非とも今一度、魂の誕生をもたねばなりません。もう一度生れねばならぬのであります。それを他力一念の往生といいます。第二の誕生をもったものこそ、初めて徹底的に幸福者となるのであります。それは真の人間になることであります。

# 第十七の本願

第十七の本願を諸仏称揚《しょうよう》の願と申します。毎度申す事ですが、私のようなものでは深い意味は十分解からないのですが、追々と明らかに解かることと思います。とにかく話の端緒だけをつけさせて頂いて、その上で皆様がお考え下さるならば、段々に光が出てくることと思います。ただ、真面目な研究心が大切だと思います。この十七、十八、十九、二十の四願は、大切な本願とせられています。

親鸞聖人は『教行信証』をお作りになりましたが、その『教行信証』の行《ぎょう》とはこの第十七願のことを申されたのであります。仏は私共を救わんとして、第十七願に自分の御名《おんな》を誓われたのでありま す。まず願文《がんもん》の字訓を読みますと「設《たと》い我れ仏を得んに、十方世界の無量の諸仏、悉《ことごと》く咨嗟《ししゃ》して、我が名を称せずんば正覚《しょうがく》を取らじ」とありまして、これを換言すれば、我が名すなわち南無阿弥陀仏を、一切の衆生《しゅじょう》に知らしめずんば正覚を取らないと云うのであります。どうでもこうでも、衆生に我が名を知らしめ讃《たた》えさせねばおかぬというのであります。すなわち名前で衆生を救済しようと誓われたのであります。耳より聞かしめ、口より称《とな》えしめ、心より仏心を信ずるようにしたいという誓いであります。これはさもあるべきことであって、仏の御相《おすがた》やお声は到底知り得るものではないのであります。ただ御名《み》を信じ、御名を称えることによって助けるようにいたしたいと云う本願を、法蔵菩薩《ほうぞうぼさつ》がお建て下されたという事は、何たる意味深きことかと思います。

いかに救うべき能力があり、また救わるべき人があっても、それに関係をつけるものがなくては、救済の志願を果たすことは出来ないのであります。そこで自らの名を知らしめることによって自分を知らしめ、救済を全うしようと云うのが法蔵菩薩の念願であります。仏の御名《み》すなわち南無阿弥陀仏が私共の耳に聞こえ、その御心《みこころ》の信じられた時、私共は助かるのであります。ところで、その御名を誰が仲介して下されたかと云うに、それは釈尊であります。十方世界の無量の諸仏と云うことを、古来、釈尊は諸仏中のその一人であるというのでありますが、釈尊がそれを仲介して下された事は間違いのないことであります。ところで、もう一度換言致しますと、そうした十方無量の諸仏に、我が名を讃《ほ》められ称えられずんば正覚を取らないと誓われた事は、仏は、それほどに讃めらるべき価値あるものに、自らがなりたいという誓いでありまして、いわば仏の名誉心であります。大慈悲心から出た仏自らの名誉心を誓われたのがこの願であると申してもいいのです。内容の貧弱な、つまらない有名無実の名誉心は困ったものでありますが、仏の名誉心は、その名には確実なる内容が充実しているのでありまして、いくら挙揚《きょよう》されても間違いはないのであります。十方衆生の救わるるのには、最も智慧の眼《まなこ》の開けた道理の分かったもの、すなわち諸仏が認めて、証明し讃めるようにならねば仏にならぬという、実に名実共に備わらんとする願いであります。

釈尊の説かれた一切の経典も要するに、この阿弥陀仏を説いて一切衆生に知らしめようというのが、中心の念願であります。あの『阿弥陀経』の六方諸仏の称讃もそれであります。初めに、東方世界の恒沙《ごうじゃ》の諸仏が、三千大千世界を覆《おお》うような大きな舌を出して、この仏の本願の真実であることを称讃し証拠立てておらるるのであります。東方の諸仏だけでよかりそうなのに、また南方の世界の諸仏方も広長の舌相《ぜっそう》を出《いだ》して称讃せらるると云った具合で、西方世界の諸仏、北方世界の諸仏、下方世《げ》界の諸仏、上方世界の諸仏と、六方の世界の諸仏達が、遍《あま》ねく讃《ほ》め尽くされておられるという事が書いてあります。かくのごとく、盲《めし》いたる我々のようなものでなく、最も心の覚めた諸仏と云われるような方から、讃め称《たた》えられようと誓われた法蔵菩薩は、それほどに衆生を救うべき実質を堅実にしようとなされた事であります。六方の諸仏が阿弥陀如来の本願を勧め讃めるのに、そんな大きな舌を出さなくてもと思われるのですが、舌を出すということは、もし言った事が間違いであるならば、この舌はただれて再び口に入らないであろうという、証明と誓約の印《しるし》なんだそうであります。六方の諸仏方がそれほどに讃め尽くされるという『阿弥陀経』の御話は静かに考えますと、さもあるべきことが判《わか》ってくるのであります。法蔵菩薩が衆生を救済しようとされたのだという釈尊の大信念が、必然にこうした証誠《しょうじょう》を要求したのであり、またこの証誠が釈尊の阿弥陀如来信念のいかに強大であったかを遺憾なく裏書きしているのであります。

仏は名をもって物を摂するのであります。仏は自らの相《すがた》や形で救うというのでなく、自らの名を一切人に知らし、名によって仏自身を知らしめて、それで救おうと云うのであります。そして、御自身の名前を十方の諸仏にほめられたいと願われたのは、やがて一切の衆生に、我が名を信じられたい讃《ほ》められたい、そして救いたいということであります。釈尊一代の説法は阿弥陀如来の御徳を名によって讃めることであったのですから、それがために末代の吾人《ごじん》にありましても念仏を讃仰《さんごう》して称えるようになったのであります。十方諸仏に讃めらるるということは、この御名の徳の最もよく分かった人々によって、讃められ称《たた》えらるるという事でありまして、その徳が分からず意味が分からない者が称え讃めるという事はないことであります。

『無量寿経』の三誓の偈《げ》というのは、四十八願の後に、さらに再び要約して三つの誓いをのべられたのですから、これを重誓《じゅうせい》の偈とも申しますが、三誓のその最後の一つには、「名声《みょうしょう》十方に超えん」とあります。一切の菩薩の名、諸仏の名よりは、もっともっと尊い徳の力の広大な名になりたい、すなわち十方に超越せるものになりたいということでありまして、如来の大慈大悲心の顕現でありま す。その次に「究竟《くきょう》して聞こゆるところなくば、誓う、正覚を成らじ。」とありまして、津々浦々いかなるところまでも聞こゆるようにあらしめたいという事であります。一切の人々によって称《たた》えらるるようになりたいという事であります。御名《み》を私達に知らしめ、そしてその徳号を称《とな》えさせようと念願せられたのであります。ゆえに吾々《われわれ》が念仏を聞くということは、実に救いの到達しておることであり、称《とな》えるということは、救わるるに間違いのないことになっておるということであります。たとい教えられた念仏でも、どうした念仏でも、一度口をついて出た念仏は、救いの証拠であります。そしてこの仏の御名が称えられたそこに仏が在《ま》しますのであります。いわゆる名体不二《みょうたいふに》という事で、体は名に趣《おもむ》き、名に体の徳を具すと申すのであります。その御名が衆生の耳に触れ、口に出《い》ずるようにせしめねばおかぬということが、この本願なのであります。

名をもって物を摂すと云う事について、一つの話があります。あの有名な一戸《いちのへ》大将が、まだ中将《ちゅうじょう》で大阪の師団長をしていられた時分のことであります。私は当時親しくして頂きましたので、ある時依頼さるるままに、三部経の科本とその他の聖教《しょうぎょう》とを、中将の所へ持って行ったことがあります。するとその後、一戸さんは「一渡りずっと拝読しました」と礼を云われまして、そして、「どうもこの中には、えらいことが書いてありますなあ。よくは分かりませんが、要するに仏の名で助かるという事であるらしいですね」と云われたのです。私はその慧眼《けいがん》に驚いて、どうしてそれが判りましたかと尋ねると、一戸さんが云われますには、「これですよ、これでなければ救《たす》からぬでしょう。あらゆる人を助けようと思ったら、名でなければ助ける道はないでしょう」「私自身の事で考えてみましてもそうですよ。何しろ大阪なら三万ばかり、東京なら五万ばかりの多数な兵卒に私の心を通ぜしめたいのです。一兵卒にいたるまで私の心が通じておらねば駄目なんですからね。ところが、五人や十人の人間にならば、再々逢って自分の意中を話すことも出来ましょうし、知らしめることもできましょうが、五十人百人となると困ります。それが軍隊というものは、全体に一人残らず知らしめておかねば実戦の用には立たぬのですからね。それが千、二千となれば印刷物にでもして、私の心を書いて知らしむるより外《ほか》に方法がありません。それでも十分知らしむる事は不可能ですし、その意味の読めないものもありますから、そうなると、せめて顔だけでも互いに見せ合うことで通ずるより仕方がありません。ところが、私の方は一人ですから、皆は知ってもくれましょうが、私は到底何万の顔を見ることも覚えることも出来ません。私の顔だって本当に見て知っておるものが何人ありましょう。私は年に三度ほど、観兵式の時、馬に乗って皆の前を通るだけぐらいなものですから、私は無論皆の顔を知りません。兵卒だってそうよくは知りませんでしょう。こうなるとどうにも困ってしまいます。しかるに一端事があった時は、惜しい命を投げ出して戦場にゆき、時には死にまさる艱難《かんなん》もしてくれるようにしておかねばならぬのです。私も同じですが、命をささげて尽くすという事が、国家のため、親、兄弟、友達のためにもなるのだという事を十分了解してくれて、私の命令一つで死んでもくれるものを造っておかねばならぬのです。難儀な事です。ここへくると、もう仕方がない、私の名です。「一戸」という名を聞いただけで私の心を知ってくれて、私の名一つで死んでくれるようになるより方法はないのであります。名で心が通ずるこれだけです。それで私としては、平生に十分、精神なり行為の上で真実に修養をしておいて、その名と相応するものとなっておかねばならぬのであります。」

「あなたはあなたの名によって、十分通ずるようになったと御思いですか」と問うてみたら、「いや、なかなか、それができぬので困っておるのです」と真摯《まじめ》に答えられましたので、私は一層敬服したことであります。しかし、一戸さんの部下へ行ったら、殺されてしまうと、世間ではすでに定評があるのでして、一戸の部下になると、名を聞いただけで命をささげてしまう気になるのだそうです。それは多年に蓄積せられた将軍の実徳の力であります。名に体の徳を具すという事なのです。一戸さんを引き出すのは失礼な話でありますが、仏は自らの名によって一切の人を救うと誓われた事は、この話によっても一層切実に分かるわけでありまして、いわんや五劫永劫《ごこうえいごう》の御苦労と慈悲の結晶である御名《みな》であります以上、それを信じ称《とな》える事によって私共は助かるのであります。仏は何処《いずこ》にましますか、それは御名であります、南無阿弥陀仏であります。念仏は如来の行であり、その行が信じられた時、仏凡一体の天地が開けてくるのであります。

私に念仏の称えられたという事は、第十七願の成就したことであり、法蔵菩薩の本願が成就して我々の救主としての阿弥陀如来となられた証拠であり、それと同時に他の四十七願が成就して、私の上に一々の願が到達して下されてある証拠なのであります。かかる意味が信じられないばかりに、我々は助けられておりながらいつまでも助からぬのであります。それゆえ、これを信ぜしめねばおかぬというのが第十八の本願であります。

一々の本願を拝読してゆくとき、私は、物と心の一切が、すべて阿弥陀如来の願力からでないものはないという事が喜ばれてくるのです。すべてがまったく他力であることを思うのであります。この御本願を思うとき、また何時でも、「遇々《たまたま》信心を獲《え》て、遠く宿縁を慶《よろこ》ぶ」という御言葉を思い出すのであります。

（聖典講読会筆記）

# 第十八の本願

第十八願に参りました。この本願を四十八願中の王本願と申します。他の本願において、仏が、こうもあらしめたい、ああもあらしめたいと願われて、衆生をそうならしむるにはこの第十八願のごとくに、衆生をして真実に信ずるようにならしめねばならぬのであります。ゆえに衆生救済のためにはこの本願が根本本願であり、王本願というのであります。親鸞聖人や法然上人は、この本願の成就によって初めて一切衆生は漏れなく救われるのだと云って喜ばれているのであります。まずその願文《がんもん》を読みますと、

設《たと》い我、仏を得んに、十方衆生、至心に信楽《しんぎょう》して我が国に生まれんと欲《おも》うて、乃至《ないし》十念せんに、もし生まれずんば、正覚《しょうがく》を取らじ。ただ五逆と正法《しょうぼう》を誹謗《ひほう》せんをば除く

とありまして、その意味は最も深重であります。

十方衆生と呼びかけられましたのは、この本願と十九、二十の三願だけであります。十方衆生ということは、法蔵菩薩の御本心そのままが出ているのであります。すなわち法蔵菩薩自らを救うことであります。言い換えれば、大自己すなわち厳密の意味においての自分ということであります。本当の自分という事は、十方衆生を摂するのであります。自分と他とを一として見るのが本当の自己であり

ます。ゆえに十方衆生というのは完全に自己を云い表したことであります。

私共は自分の幸福という事を考えます。そして普通の場合、自分だけさえよければと考えますが、それではどうしても本当の幸福にはなれないのであります。愚かなる私共は、本当の幸福は自利利他であり、人を愛する道が自分を愛する道だということを知らずして、いつでも、自分自分といって小なる自分に限定しているのであります。法蔵菩薩は御自身のかかる願望の成就のために、十方衆生と呼びかけねばならなかったのであります。すなわち仏は、本真の道をここに示しておられるのであります。

私共も時々、時間的には、末々《すえずえ》子孫の繁栄のためということを考えます。空間的には親、兄弟、妻子、友人のためなどということを思って煩うことがありますが、それが本当の偽らざる本心の叫びなのでありまして、そう考えなければ本当の自己は助からないのであります。私共は、時間的にも空間的にも他の者の幸福を願うのですが、ただ力が及ばぬので泣くのであります。出来ぬことだから考えても仕方がないとか、考えずともいいという人がありますけれども、実は出来るできぬは別問題でありまして、そうしたい心のあることは打ち消す事は出来ぬのであります。捨てられぬこのことを、どうにかせなければならぬ、どうかしたいと願う心が、ついに真に道を求めるのであります。仏は、現在世のものばかりでなく、未来世のものばかりでなく、過去世のものばかりでなく、過去、現在、未来、すなわち縦に三世、横に十方ありとあらゆる一切衆生皆が助かるのでなくては、自らは本当に幸福になれないのだと示していられるのであります。すなわち、本当の念願としての幸福は自覚覚他でなくてはならないのであります。自分だけがというようなものには、永久に幸福は来ないのでありま す。真宗の他力信というも、畢竟《ひっきょう》この自覚覚他の大菩提心を得ることでありまして、自分が生死の苦しみから解脱し、一切のものをもその苦しみより脱せしめたいということが菩提心であります。この菩提心を外《ほか》にしては、道の話は何の事かさっぱり分からなくなるのであります。歴世の七高僧方も、この意味から浄土の大菩提心といって、大信心を喜ばれたのであります。十方衆生と誓われて、十方衆生を救うことによって、本当に自分が幸福になるのであると云わるるのは、吾々《われわれ》に、自他全一の自己救済ということ、それが真の幸福道であることを知らしめられているのであります。いかなる場合でも他と自とを相対的に考えずに、他と自とを一つの環《たまき》として考える時、幸福に向かうべき真の道があらわれるのであります。

どこかの人が娘を死なせまして、亡き娘のために御経を読んでもらいましたが、その坊さんが御経の終わりに、「願以此功徳平等施一切《がんにしくどくびょうどうせいっさい》」と云いましたら、この功徳を平等に一切に施《ほどこ》されてはたまらぬ、私の娘一人だけに効くようにと云ったそうですが、そういう心には、本当の道の話は分からず、幸福の恵まれるはずがないのであります。一切の人が助かり、幸福になってくれることを念願としてこそ、初めて自分の幸福となる真の道が得らるるのでありまして、過去現在未来の一切の衆生を包括《ほうかつ》したものが真の自分であります。

ところで、この第十八願は、前の第十七の行の願に対して信の願と申します。ただ信ずる一念によって助けんという願なのであります。至心とは真実の心ということであります。信楽《しんぎょう》の信とは信ずることで、信ずるとは確かに認める事、認めたら自然その結果を願うという意味が出てくるのでありま す。それが欲生心《よくしょうしん》であります。楽《ぎょう》というのは、愛楽《あいぎょう》とか欲楽《よくぎょう》とか熟する字であります。楽は「ぎょう」と読むので「らく」と読むのではありません。「ぎょう」と読めば願うという心で欲願の意味であります。「らく」とよめば楽しむという意味になります。ゆえに心を至して真実心になりて、本願名号《みょうごう》（他力大慈悲の如来の御心《みこころ》である名号）を信じて、我が国に生れんと欲《おも》って南無阿弥陀仏と、一遍乃至《ないし》十遍でも称《とな》えるものを救わねばおかぬというのであります。（十とは満数をあらわしたので百遍でも千遍でもという意味であります）欲生とは仏の国に生まれたいという心が必然に起こるのでありま す。要するに、至心は信楽《しんぎょう》の信の意味となり、欲生は楽の意《こころ》となり、至心・信楽・欲生ということは、つまり、信楽してということとなり、信楽は要するに信の一字に結帰するのでありますから、信じて称えるということとなるのであります。信じてということは疑いなく如来の本願力をたのむことであります。

至心・信楽・欲生という事が信心の意味であって、信じ称えるならば、どんなものでも往生すると云うのであります。これを「本願を信じ念仏申さば仏になる」と申さるるのであります。他力信心ということを最も簡明に言いあらわすならばこの一語に尽きるのであります。ところで、ここに一つの疑問があります。はたして私共人間が、真実というべき心になれるかどうかという事であります。至心という解釈を、至心であるから真実心になって信ずるのであるというようにとる宗派などもあるそうですが、しかし真実なる心になるということは、私には出来ぬことであると云うのが親鸞聖人の告白であります。聖人もいかほどにか真実なる心、清浄なる心になってと努力せられたことか分かりませんが、その究極として、至心にはなれないものであることが明らかに分かったのであります。昔のまじめな求道者の多くは、真実心になろうとして懸命の努力をせられたものであります。しかし親鸞聖人はそのなれないことを知って、この本願の至心というのは、我々に至心になれということではなくして、これは如来の至心、如来の真実心であるということを発見せられたのであります。ですから、信ずる心になれるのは、信ぜしめんという如来の真実心によって信ずるようになれたのであると喜ばれているのであります。信ぜしめねばおかぬという如来の真実心が、この第十八の本願全体の精神であります。真実という名がつくならば、それは一切如来の心のことであって、人間が真実になれるように思ったり、なったような気持ちになるのでありますが、実は一向真実になれていないのでありります。古人も多く至心になろうとして、ある型にはまろうとしたらしいのですが、駄目であったのであります。静かに考え真面目に味わえば味わうほど、人間は真実の心になり得ないものでありま す。ある宗教なんどでは、事もなげに、真心込めてとか真実になってとか、清浄な心になってとか云っているようですが、なかなかなれるものではありません。一切の宗教は大抵みな真実心になれるというのであります。しかし、人間には真《まこと》の心は出てこないのであります。一生、真の心は出てこないのであります。一生、真の心になれないのを泣かれたのが親鸞聖人であります。一生泣いておられたということは、一生求めておられたという証拠です。親鸞聖人はこの真実の心にもなれず、また欲《よく》生《しょう》の心も起こらないという事を懺悔《さんげ》せられまして、「定聚《じょうじゅ》の数に入ることを喜ばず」とか、「愛欲の広海に沈没《ちんもつ》し、名利《みょうり》の太山《たいせん》に迷惑して、真証の証に近づく事を快《たの》しまず、恥《は》ずべし傷《いた》むべし」とか云って泣いていられるのであります。真実の心になろうとすればするほど駄目なんでありました。容易《たやす》くなれそうに思えるのでありますが、静かに考えると落第なんであります。親鸞聖人はもっと痛切に自らの心を懺悔《さんげ》せられまして「浄土真宗に帰すれども、真実の心はありがたし、虚仮《こけ》不実のわが身にて、清浄《しょうじょう》の心もさらになし」と、八十幾才になられてなおいよいよ明らかに自分の心を省みて、泣いていられるのであります。つまり人間の心は、いくら叩いても真実の心は出ないのであります。真実に人を思い、吾が身を思うという事が出来ないのであります。聖人は自分の経験、内省によれば真実心はないものであって、凡夫《ぼんぶ》には真心《まことのこころ》は起こらぬものであるという事を明らかに申されたのでありますす。それで、この至心というのは如来の至心であります。真実と名のついたものは皆、如来のものであります。法蔵菩薩のみにその心があるのであって、私共人間には決してないのであります。それでいながら、欲しいものであり、得たいものであります。聖人の一生は、真実心の憧憬《どうけい》者で、一生涯真実を追い求めて、真実の周囲をまいまいしていた方であります。しかして自分にあるものは、罪や汚《けが》れの不実ばかりなのであります。

「信楽《しんぎょう》して我が国に生まれんと欲《おも》うて」という事も、聖人は困られたのであります。「愛欲の広海に沈没《ちんもつ》し云々」と、常に愛欲の中に沈みつつ一生ぶらぶらして仏果の最大理想に近づくことを喜ばず、涅槃の真楽《しんらく》に近づくことを快《たの》しまぬような吾々の心であって、かえって相対的の苦楽を喜んで暮らす心がやまぬのであります。すなわち信楽《しんぎょう》・欲生《よくしょう》の心が起こらないのであります。かくのごとき罪と汚《けが》れに満ちた不真実の吾々の助かることは、かかる自分の心をいかにしてみても出来ることでなくして、かかる者を愍《あわれ》みて救わんという如来の願力によらずんば助かる道はないのであります。第十七の本願の十方衆生に称えしめねばおかぬという誓願によって、衆生に我が名号を称えられるようにしたい、そしてこのものをどうかして助け、救わねばおかぬという如来の真実心が、吾人の人生生活中の色々様々の所に現われて、念仏は如来が私を救わんとしてのその明証《めいしょう》であり、如来自身であって、まったく他力本願の力によって救いたもうのであるということを知らしめねばおかぬ御《み》心なのであります。第十八願は第十七願の名号を信ぜしめんとしての願であり、また信じられたことが本当に称えたことなのであります。それゆえ第十七願は第十八願を待って初めて成就するのであり、第十八願は第十七願を待って成就するのであります。それゆえ、乃至《ないし》十念とあるのであります。かるがゆえに、私が如来の誓願を信ずるようになったその信心は、まったく他力であることを現わされたものとして、この本願を見られたのであります。吾々の称える念仏、この念仏こそは仏であり、この念仏こそは、仏が色々に姿を変えて、私共に来て下さってあることを信ぜしめ知らしめんとする仏の至心の力であります。これが第十八願の力であります。あらゆる雑行雑修《ぞうぎょうざっしゅ》自力の心を捨てざるを得ぬようにして下さったことは、第十八願の力であります。この泥のように汚《けが》れた胸に、南無阿弥陀仏が信じられ、念仏が出るようになるのは、それはまったく仏の真実が私の上に現れたのであり、仏の真実、本当に衆生を救わずんば止まぬという仏のまことが私共をして、念仏を信ぜしめ、称えしめたのでありま す。「信ずる心も念ずる心も、阿弥陀如来の御方便より起こさしむるものなり」と、蓮如上人の申されておるのは、このことであります。私の心がまことになって、それから信じ称えるのでなく、私共を救わずんばおかぬという法蔵菩薩の偉大なる御念力によって、信ずるようになったのであり、称えるようになったのであります。ゆえにこの信心はまったく他力であります。かように親鸞聖人がこの第十八願を純他力をして味われたという事はまことに偉大なる卓見と申さねばなりません。

第十七願で、法蔵菩薩が御名を誓われたとしても、この第十八願の真実心の御誓い一つがないならば、私共は依然として助からぬのであります。またこの第十八願の力によって、真実の親心を衆生に信ぜしめ知らしめたいばっかりに、他の四十七願を誓われたのであります。すなわち実在世界たる念仏の世界を、衆生に知らしめたいばっかりに、仏は色々の善巧《ぜんぎょう》方便をもって、私共を導いていて下されているのであります。それですから、私共には真実心がないけれども、如来の真実によって南無阿弥陀仏が信じられた時に、現当《げんとう》二世の無上の幸福を得るのであります。私共の胸は無内容であり、不真実であり、虚仮《こけ》であり、汚れていますけれども、仏の御名《みな》はまことであり、真実であり、力であります。そして仏の御名の真実である事が信ぜられたのは、仏の真実心が私共の心に徹到して下さったのであります。その天地が信の世界なのであります。

阿闍世《あじゃせ》が伊蘭林《いらんりん》より伊蘭樹（臭い臭い毒樹だそうです）の出るのは当たり前であるのに、今、伊蘭の林より栴檀樹《せんだんじゅ》の生ずるのを見たと云って狂喜せられたのは、まったくこの信の天地の風光を表わされたものであります。私共の心の中を調べますならば、実に伊蘭のごときものであります。常に貪欲《とんよく》・瞋恚《しんに》・愚痴であって、愛欲と名利《みょうり》にみちみちている自分であります。真実の心のない自分でありま す。その穢《きたな》い私の心の園林に清浄なる信が生じて仏心を仰ぐということは、決してこれは我が胸から生じたものではありません。まったく如来の力によって出生したものであることがわかるのでありま す。これを「無根の信」といって、この信花の根は如来にあって、我が胸にはないと申されておりま す。この事は親鸞聖人が喜ばれましたと同じように私共も大いに喜ばねばならぬ次第であります。

次に「ただ五逆と正法《しょうぼう》を誹謗《ひほう》せんをば除く」と但し書きの付いている事について、少しお話ししたいと思います。法蔵菩薩が十方衆生と呼びかけ、どんなものでも、善人でも悪人でも、智者でも愚者でも、十方衆生を救うといっておきながら、五逆のものと正法を誹謗せんものをば除くといって、人間を局限されたのは、いかにも矛盾しているように見えるのであります。この問題は昔から議論ともなり問題ともなって、学者の頭を悩ましたことでありますが、我が親鸞聖人はこの事についてこれは釈尊の方便であると云われているのであります。すなわち釈尊の親切であるといっていらるるのであります。念仏を称えるものを救うと、如来の本心をうち出された他力絶対の慈悲の御言葉を聞くと、すぐ我々は便利なことだと思い、五逆という大罪をやってもいいのだなあと、すぐ間違った考えを起こすのであります。それで聖人の御言葉でいうならば「薬あればとて毒をこのむべからず」といっておられるのであります。誤解しやすい愚昧《ぐまい》な私共への親切から付け加えられたものであると云っておらるるのであります。念仏を信ずるものは、どんなものでも助けらるるに間違いはないが、ただし、

「五逆というは、もし淄州《ししゅう》によるに、五逆に二つあり。一つには三乗の五逆なり。いわく、一つにはことさらに思いて父を殺す。二つにはことさらに思いて母を殺す。三つにはことさらに思いて羅漢を殺す。四つには倒見して和合僧を破《は》す。五つには悪心をもって仏身より血を出《い》だす。恩田《おんでん》に背《そむ》き福田に違するをもってのゆえに、これを名づけて逆とす。この逆を執する者は、身壊《やぶ》れ命終えて、必定《ひつじょう》して無間《むけん》地獄に堕《だ》して、一大劫《こう》の中《うち》に無間の苦を受けん、無間業《ごう》と名づく。また『倶舎論《くしゃろん》』の中に、五無間の同類の業あり。かの頌《じゅ》に云わく、「母・無学尼を汚《けが》す（殺母《せつも》罪の同類）、住定《じゅうじょう》菩薩（殺父《せっぷ》罪の同類）、および有学・無学を殺す（殺羅漢《せつらかん》の同類）、僧の和合縁を奪う（破僧罪の同類）、卒都婆《そとば》を破壊《はえ》する（出仏身血《しゅっぶつしんけつ》の同類）。」

二つには大乗の五逆なり。『薩遮尼乾子経《さつしゃにけんしきょう》』に説くがごとし。

一つには、塔を破壊《はえ》し経蔵を焚焼《ぼんしょう》する、および三宝の財物を盗用するなり。二つには、三乗の法を謗《そし》りて聖教《しょうぎょう》にあらずといいて、障破留難《しょうはるなん》し、隠蔽覆蔵《おんぺいふぞう》す。三つには、一切出家の人、もしは戒・無戒・破戒のものを打罵《ちょうめ》し呵責《かしゃく》して、過《とが》を説き禁閉《きんぺい》し、還俗《げんぞく》せしめ、駆使債調《くしさいちょう》し断命せしむ。四つには、父を殺し、母を害《がい》し、仏身より血を出《い》だし、和合僧を破し、阿羅漢を殺す。五つには、謗《ほう》じて因果なく、長夜《じょうや》に常に十不善業《ごう》を行ずるなり。」(『教行信証』の「信巻《しんのまき》」に出《い》ず)。

かくのごとき五逆罪とまた正法を誹謗するものは助からないぞと云われたのは、そんな悪人でも助けねばおかぬのであるけれども、ただそうした悪そのものを自覚せずしてそのまま肯定してゆこうとする衆生の邪執・妄見をやめんがためなのであります。つまりどんな悪人も助かるに違いないのだが、といってその善悪をあくまでも崩さないで進まねばならぬぞ、善は善、悪は悪として、善悪をごっちゃにしては道に出られないぞ、道を進む上において一番邪魔になる邪見・邪執を止めさせんため御《み》の親切から、釈尊はこの但《ただ》し書きを入れられたのであると申されているのであります。私はかつて御影《かげ》で『大無量寿経』の「三毒段」や「五悪段」を御話ししたことがありますが、それによってこの辺の意味が多少はっきりした事であります。あの「三毒段」や「五悪段」の淵源となるものは、この「唯除五逆誹謗正法《ゆいじょごぎゃくひほうしょうぼう》」の八字であると思います。

他力救済ということを聞くと私共の心は、直ちにすべての悪を許して肯定したくなるのでありますが、それを誡《いまし》められたのであります。どんな悪人も救わるると云うと、私共はじきに「だからどんな悪を行なっても善いのだ」と思い込んだり、それを善と同じだとして尻を据えようとします。そういう量見がいけないのであります。これを邪執と申さるるのであります、どんなことをしてもいい、どんな悪もかまわぬと思うことで助かるのではなくして、自己の悪が明らかになってその私が如来によって救わるるのであります。もとより他力本願を信ずることによって悪である自己が救われるのであり、如来はいかなる悪をもすてられぬという信によって悪の解放を感ずるのであります。親鸞聖人が「薬あればとて毒を好むべからず」と云われたのは、邪執をやめんがためであって、たとえば、人を殺したような悪人は助からぬぞというのではなくて、如来の本願はいかなる悪人をも救わるるけれども、私共が「だから殺してもいいのだ」と考えるのは凡夫の邪執であって、その盲見を誡《いまし》められたのであります。そういう考えの人はその人の精神的事実として、どうしても助からぬのであります。それは如来の悲痛であり、釈尊の遺憾とせらるるところであります。私共は随分善悪の考えに悩まされているものであります。だから善と悪とをつぶしてしまいたい心をもっています、それを警戒せられたのであります。かかる誤った考えを起こすもののあることを恐れられたのであります。本当にそうであります。善と悪の二つがつぶれては道に出る事は出来ないのであります。たといつぶしたと思っても、実はつぶれずに、霊性《れいしょう》の眼《まなこ》は心の奥の深いところに光っていて、どうしても盲目になれないで、知らず知らず自分を悩ましているものであります。

私共の正しからざる考え方の邪見、邪執は、すぐに自己の便宜に引きつけたがる根性、いくら悪いことをしてもいいのだと、自分が自分に許さんとする根性、これがいけないのであります。悪は仕放題である、その仕放題であるという根性がいけないのであります。自己を欺《あざむ》いているのであります。すべては因縁であります。「卯《う》の毛、羊の毛のさきにいる塵《ちり》ばかりも、造る罪の宿業《しゅくごう》にあらずということなし」であります。だから悪はやめようとしてもやめられないで出てくるのであります。それは止むを得ぬだけのことであって悪は悪であります。悪を悪と見てゆく心が大切であります。しかるにそれを悪として見まいとする心、それがいけないのであります。魂の道を求めてゆく者が善悪を無視するという事はいけない事であります。また無視せんとしてもできないものが心の奥に光っています。此奴《こやつ》はなぐっても殺しても死なぬ奴であります。打ち消そうとしても消えぬものであります。これは摂取せらるることによって救わるるよりほかに道はないのであります。しかるに仏の大慈悲は善人よりも悪人を正客《しょうきゃく》とせらるると聞くと、だから善は一つもしなくともいいと考えようとします。そのせなくともよいという考えがいけないのであります。その邪執がつねに道を誤らし道を塞《ふさ》ぐのであります。善と悪とが分からぬならそれは分からぬのであります。善は出来ぬならできぬのであります。悪は止まぬなら止まぬのであります。分からぬという事はせなくとも好いという事ではありません。善ができぬという事はしなくともいいということとはなりません、悪がやまぬということはいくらやってもいいということではありません。かかる意味において悪はどこまでも悪であるとハッキリするところに道は開けてくるのであります。何でもよいとしている人にはいつまでも闇は離れないのであります。由来、真宗には、道徳もなく善悪の観念もないと世間からよく批難せられているようですが、それは大きな間違いであります。信仰は善悪を超越するものであるけれども、善悪がなくなったり、善悪をつぶしてしまうものではないのであります。他力本願の信の世界には厳然として道徳や善悪の観念が存立しているのであります。煩悩だらけの凡夫を御目当ての本願だから、いくら煩悩を造ってもと、悪を悪とせずしてかえってそれを肯定しているようでは、断じて本願を信ずる人とはなれないのであります。

かく私共が誤り易いゆえ、親切に但し書きを加えて下さったのでありまして、決して但し書きのような機類のものは救われないと云うのではないのであります。あの盗賊の耳四郎のような悪人でも、本願を信ずれば助かるのであります。耳四郎はその後も盗みが止まないので泣いて法然上人に訴えたそうでありますが、止まないのを泣いた耳四郎は尊いと思います。悪を悪と知って泣いた耳四郎の心は生きておるからであります。ただ私共をなんらの躓《つまず》きなしに、悪を悪と知って、素直に本願念仏の一道に入らしめたい、そして救われしめたいという釈尊の御親切なのであります。現に謗法闡提《ほうぼうせんだい》の輩《ともがら》も回心《えしん》すれば皆往《ゆ》くとありまして、本当は、一切衆生をみんな助けたいために、かく云って下されたのであります。

（聖典講読会筆記）

# 第十九の本願

設《たと》い我、仏《ぶつ》を得んに、十方の衆生、菩提心を発《おこ》し、諸々《もろもろ》の功徳を修し、至心に発願《ほつがん》して我が国に生まれんと欲《おも》わん。寿《いのち》終わる時に臨んで、たとい大衆《だいしゅ》とともに囲繞《いにょう》して、その人の前に現ぜずんば、正覚《しょうがく》を取らじ

親鸞聖人はこの願を、第十八、第二十の願とともに四十八願中の大事な願とせられています。『大無量寿経』に準じて御製作になりました「大経《だいきょう》和讃」においては、四十八願の中で、ただ十八、十九、二十の三願のみを歌われたと申してもいいのであります。この三願以外の願については六首しか和讃を書いておられないのであります。もって聖人がこの三願を『大経』の中心と見ていらるることを伺うことができるのであります。

阿弥陀如来の因位《いんい》である法蔵菩薩の御本願は、悩みつつある十方衆生に、仏自身を知らしめたいということでありまして、それはやがて、一切衆生にその本願を信ぜしめたいという事であります。法蔵菩薩の念願としての四十八願の中心点は第十八願なのであり、それはやがてまた、『大経』一巻の中心点なのであります。まことに、悩める十方衆生をただ仏を信ずる一念で助け遂げんという本願なのであります。ところで第十八願を誓われた後に、さらに第十九、二十の二願を誓われたということ

は、何とした慈悲の極みかと思います。この二つの願は十方衆生を救わんとして、あくまでも救いの網から漏《もら》さじという如来の至心であり、御慈悲であります。すなわち、易々《いい》として救済の道の開かれておる第十八願があるにもかかわらず、なおかつそれに救われず、自力心の強い人間としては、その他力の御慈悲を信ずることができず、自力修善の心に止まって、助かりえぬ人間が多いのでありま す。かように漏れんとするものを逃さぬために、それらを助け遂げねばおかぬという御深切からこの二願が誓われたのであります。

「十方の衆生、菩提心を発《おこ》し、諸々《もろもろ》の功徳を修し、至心に発願《ほつがん》して我が国に生まれんと欲《おも》わん。寿《いのち》終わる時に臨んで、たとい大衆《だいしゅ》とともに囲繞《いにょう》して、その人の前に現ぜずんば、正覚《しょうがく》を取らじ」とありまして、この願の中には三つのことがあります。第一には発《ほつ》菩提心、第二は修諸功徳、第三には至心発願であります。この三つの事をなして、仏の御《み》国に生まれたいと欲《おも》い願う者には、臨終においてその前に現れ信ぜしめて、迎え導かんという願《ねがい》であります。「たとい」とは、もしとか出来得べくんばという意味でありまして、必ずという意味ではありません。すなわち菩提心を発し、諸々の功徳を修し、至心に発願して、我が国に生まれたいと願う者ならば、せめて命終わらんとする時にでも、都合によれば、大衆とともにその人の前に現れんというのであります。大衆《だいしゅ》というのは観音勢至やその他の菩薩方のことであります。大衆とともにその人の前に現れて、臨終にいたるまで信じ得ざりしその人をして、信ぜしめたいという本願なのであります。これを引接《いんじょう》とか来迎《らいこう》とか申すのであります。第十八願の純他力信が起こらず助からぬならば、せめては、死にしなになりとも他力信の目醒めを与えて、導かんとせらるる如来の切なる慈悲心であります。

第十八の本願によって招喚《しょうかん》せられながら、何ゆえ他力の救済が信ぜられないかといえば、本来、その人に菩提心が発《おこ》っていないからであると申さるるのであります。苦悩は誰でも持っています。そしてそれを救ってほしいと願っております。しかしながら、その人に菩提心がないのであります。一般に吾人《ごじん》は苦悩がなくなりたい、幸福になりたいと念願いたしますが、自己を幸福にする方法はといえば、自己愛の外《ほか》はないと思うのが誰にも普通の考えであります。自分の苦しみを退けたい、自分の楽になることをあくまでもやりたいと、専心に欲求するものであります、すなわち利己主義になるのであります。利己主義を我が幸福の道と考える人にあっては、他の者の苦悩は顧みない者であります。他を思い他を愛する心がないのであります。一切のことを自愛のみから打算し、利己主義から割り出して考えるのであります。それは都合のいい小賢《こざか》しい考えでありますけれども、他を見ないでは真の幸福は来ないのであります。

自分が思う存分の満足を得ても、親や子や兄弟などが泣いていては、何といっても自己が苦を感ぜないわけにはいかぬのであります。反対に親や兄弟や妻が喜んでいる顔を見ることは自分の幸福を感ずるものであります。子の喜ぶ顔を見たいために親がどれだけ努力するかしれません。子の喜びは自分の喜びであり、子の悩みは自分の胸の痛むことであります。子のみではありません。夫としては妻、妻としては夫、兄としては弟、弟としては兄、友達同士でも、まったくの他人の間でも、悩んでいる者を知る事は自分の苦しみであります。それゆえ出来る出来ぬはしばらく別として、完全に自己の幸福を念《おも》うならば、愛他心をもって他の苦しみのなくなることを願い、他の安楽を念願せざるを得ぬのであります。私共は最も普通に、自と他とを区別して見ようとします。そして自分だけの安楽を得ることを自己の幸福と考えようとします。そういう考えではどうしても真の幸福になれないのでありまず。それは子と自分と、自分と妻と、兄弟というように近く家庭の上で考えれば分かり過ぎるほど分かりきった事でありますのに、それを忘れづめに忘れています。そしてそれが他人の上となると、全然この道理を撤回してしまうのであります。常にこの自利利他、自愛愛他の心を失わず、殺さないようにして他を念ずる心が菩提心であります。

この道理が分かるか分からぬかということは求道の上に大切な点であります。それがためにこの本願にまず第一に発《ほっ》菩提心と申されたのであります。

幸福を求めて利己主義の城廓に立て籠もり、これこそ唯一の幸福道だと思い込んでいる人々に向かって、その誤りなることを知らしめ、その人が他力信に入るためには、是非とも菩提心の発《おこ》ることを願っていらるるのであります。

菩提心ということは、前にも毎度御話したことがありますが、上求《じょうぐ》菩提、下化《げけ》衆生の心であります。自愛愛他の心であります。自と他であります。自他というと自と他と二つあるようですが、実は自の中に一切の他が摂含《しょうがん》されておるのでありまして、実際は自一つなのですが、我々の凡情は直ぐに自と他を分けて、その自のみを愛し自分だけを幸福にと考えようとするものですから、それがために仏の教えは、いつでも、自と他とに分けて話をして、ついには自と他とは一つであることを知らしめんとしていらるるのであります。それゆえ菩提心というような言葉も出てくるのであります。

仏とは何ぞやと申しますと、自覚覚他、覚行窮満《かくぎょうぐうまん》というのであります。自分が迷妄の悩みから覚めただけでなく、他の者が真の道に覚めねば、自己は幸福にならず、満足できぬのであります。それで自覚覚他といって自らが覚《さと》り、他を覚らしむることができる能力者を仏というのであります。

自利利他とか、自行化他《じぎょうけた》とか、自信教人信《きょうにんしん》とか、願作《がんさ》仏心、度衆生《どしゅじょう》心とか、往相、還相《げんそう》とか、一として他をすてて顧みぬということはないのであります。自他の内の自のみの幸福を願うという事は仏教では全然ないことであります。それはそのはずで、自のみでは、実は真にたすかったとは申されぬのであります。自の苦しみというものは、ことによると諦めれば諦められぬこともありません。時には辛抱すれば辛抱の出来ぬこともありませんが、他の事はいかんともしてみようがなく、他の者の悩みが自の悩みとなってくることは実に苦しい事であります。それゆえ菩提心中で、最も重きをなしておるのは利他の問題であります。いかにすれば他が助かり、いかにすれば他の苦悩をなくすることができるかが、最も大事な問題となってくるのであります。
それゆえ、自他の中の自のみを考えているならば、いつまでも道は分からずに過ぎます。畢竟《ひっきょう》、苦より苦に終わるのであります。それで、その人の心にまず菩提心がはっきり起こってこねばならぬという事になるのであります。

菩提心の発《おこ》ったことのない求道者、自分の幸福ばかりを希《ねが》って、苦がなくなりたいとか、楽がほしいとか、未来は極楽で楽ばかりもらえるなどと考えて念仏している人、いわゆる形式的の信者には真実の他力信心の起こる事はないのであります。罪の報いが恐ろしいと思う未来の恐ろしさを打ち消さんための貪欲であったり、少し苦しいことが起こると極楽には苦がないと聞いておる欲心から参りたいなどと思いますが、それは仏になる事が嬉しいのではなく、仏になるといわれても実は何ともなく、死んで仏になるより、死んだら人間になりたいとか、何といっても死ぬよりは生きておりたいと思って、死後の極楽の往生を喜ぶというのは嘘であります。腹が立ったり思うようにならなかったり、苦しい事が続いたりする時だけ、そんな事を思って喜んでみるのであって、その人々の信念はあくまでも貪欲心の変形に過ぎぬのであります。他を思わない利己主義者の極楽は、今以上に楽ができるからとか、百味の飲食《おんじき》が無代《ただ》で食えるからとか、働かずに食えるとか、八功徳の水が飲めるとか、七宝八宝が自由になるとか、暑からず寒からずとか、欲な事ばかり、欲一点張りの往生思想であります。これに反して利他心の満足を得たいというようなことはちっともないのであります。他の悩みを救いたいために仏となりたいなどと思ったことは皆目ないのであります。したがって他を救いうる仏になるために往生したいと思うこともないのであります。それゆえ無事平穏の時、物質の満足ぐらいを得れば、極楽とか浄土とか往生というようなことは、心に何の響きも与えないのであります。利他念願の高調しない人に成仏を願うことはなく、したがって如来救済の本願の信ぜらるるはずはないのであります、それゆえ第十九の願には菩提心を発《おこ》せよと申されたのであります。

自他全一の自己の救わるる道を求むる菩提心の萌芽は、いかなる人にあっても親子、夫婦、兄弟等、家庭血族の上では時々発《おこ》りつつあるのであります。人間本来の性情としては利己主義の外《ほか》はないのでありますが、それが家庭生活や共同生活によって自他は一つのものであるという事を自然と自覚さるるようになるのであります。私共の内的生活におきましては、自他を二つとみる考えと自他を一つとみる考えとが、常にもつれ戦っておるのであります。どちらが勝つかであります。

愛というものは、自他全一の理を教えてくれるものであります、菩提心を芽ぐまんとしているのであります。特別なる人を除いて一般に、独身生活はいけないと思います。夫婦生活というものは随分の苦悩の重荷を私共に荷《にな》わします。しかしながら、これによって人間、利己的な人間性が、何といっても愛他心を喚起さされます。愛他が自愛の道であること、利他が自利の道であることを教えます。自他を二と見ては幸福になれないものということを知らしめます。自他全一の自己を幸福にすることに向かわしめるものであります。

夫婦生活から親子ということが生まれてきます、子と自分というものによって、愛他心はいよいよ強くなって、時には自愛を忘れて愛他の完成のみが自分の幸福であることを知らしめ、自己の幸不幸はかかってまったく子の上に存するとまで考えるに至らしむるものであります。自分の苦悩を忘れて、子の苦悩が直ちに自の苦悩となり、子の安楽が自の安楽となります。それゆえに、我が子に苦悩なきよう常に我が子の安楽を願って、そのために全力を挙げて心身の努力を厭わないようになるものであります。私は菩提心の萌芽が家庭という園に培養さるるものであることを信ずるものでありま す。菩提心の萌芽が、せっかく家庭の中に発生するにもかかわらず、私共の妄見である利己主義は自他を二として考える利己心、自愛心のためにこの萌芽を殺しつつあります。せっかくの芽生えを踏みにじってしまい、そして自愛心、利己心が戦いの勝利を占めてしまうのであります。どうか、親子の上、夫妻の上、または兄弟の上、友人の上に発《おこ》ったこの心を殺さずに、それを次第に拡大して社会の上にまで発育して、その念願の成就を願わねばなりません。この成就の念願があってこそ、その念願の成就こそは、真に自己の幸福であることを確信する心、これを道の命脈としてこそ、たとい種々の難関はあっても、この心を枯死せしめないところに、ついには救いの道に接することができるのであります。自力聖道《しょうどう》の菩提心と他力浄土の菩提心との違いこそあれ、この心の断絶したところには救いの道は開かれないのであります。

釈尊の一代の化導《けどう》が、この菩提心の萌芽を貪欲なる人間の心田に発生せしめんとして、いかにつとめられたことでしょう。私共の心にこの芽生えがあるにもかかわらず、あまりに利己主義なるため、愛他は自愛の道ではないと考え、かえってこれを自分を悩まし亡ぼす道であるように考え、直ちにこの萌芽の上に利己なる大なる岩石を置いて、これを蓋《おお》いかぶして、その芽をつぶし枯らしてしまうのであります。それゆえ釈尊はどうかしてこの大きな石を取り除《の》けて、利他菩提心なる萌芽を出生せしめんとして努力せられ、その発生したる芽生えを大切に培養し成長せしめて、花を咲かし実を結ばしめんとせられたのであります。人を救わんと願わるるには、まず第一にこの菩提心を発《おこ》さしむることより始めなければならなかったのであります。

我が国において、菩提心の思想は、聖徳太子の時から、仏教によって入ってきているのでありります。それが上下に亘《わた》ってひろがり、仏教の流転とともに後世にいたって一般民衆の思想となってきたのであります。

毎度申すことですが、この心が発らないでは宗教のことは到底解るものではないのであります。無論、幸福の道は開いてこないのであります。甚だ僭越《せんえつ》のようですが、私は現代にはかかる思想が仏教とともに廃《すた》れてきていると思うのであります。菩提心はまことに求道問題、信仰問題の中心となる思想であります。すなわち、自他の幸福を念願とする心であります。どうしたら自分と人とが幸福になるか、今少し小さく云えば、どうしたら自分が助かり、同時にどうしたら私の親や妻子や兄弟が助かるかという問題であります。自他平等の救済を念願とすることをしないで、人はどうでも自分さえよければと思っている人は無論取るに足らぬのでありますが、正しく自分の幸福とは何であるかと、真《ま》摯《じめ》に求めて一端足を踏み込んだ者には、誰でも是非とも当面せずにはおられない問題であります。釈尊が道といい無上道と云われているのも、この菩提心を出発点として云われておるのであります。まことに、自他平等の幸福を念願とすることが自己の幸福であると知る心は、生きとし生けるものの衷心より願わずにはおれない心であります。私は聖徳太子以来、我が日本国にはいってきたこの思想を、もう一度はっきり、現代人の心に喚起する必要があると思っておるのであります。自分さえよければという所には、ただ見苦しい闘争がつづくばかりであります。

同じことをくどくどしく申しましたが、これで第十九の本願の第一に、発《ほっ》菩提心と申された意味が、多少御了解できようかと存じます。

次には修諸功徳《しゅしょくどく》であります。つまり自力修善であります。いろいろの悪を去り善に就《つ》き、悪を制し徳を積んで行こうとするのであります。菩提心を発してその念願を成就するためには、必ず植諸徳本《じきしょとくほん》の精神となり、行為となるべきであります。自力的には是非そうなるのであります。それでこそ十九願の機類の人達には、自力で諸善を修むることの至難であることが分かってくるのであります。それで至心に発願《ほつがん》して彼の国に生まれんと願ずる願心が発《おこ》ってくるのであります。すなわち仏の国に往生して、菩提心を成就しようというのであります。ここにほのかながら、他力の信の曙光《しょっこう》が閃《ひら》めいているのであります。すなわち真摯《まじめ》なる宗教心の一段の進展であります。そこで自力的な心行が、他力的に向かってゆくのであります。自分の力では駄目であるから、仏の国に生まれて菩提心を完成しようとするのであります。私は誰にだって必然の順序としてこの心持ちはあると思います。この心なしに初めから他力他力といっている人には、何ぞ知らん、他力は解らないのでありましょう。自力の窮極から次第に他力に向かってゆくのであります。幾たびも幾たびも自分の力を試練し、自力修善の道を真面目に進み、また進もうと思うところにこそ、自力をすてて他力の救済が信受できるのでありま す。どうせ自力は駄目だろうからと、最初から高《たか》をくくって、一度もその事を考えたことのない人に、他力の信ぜらるるはずはありません。十九願の機類は、この自力の道を一筋に進もうと決心した人であり、そしてついには、この自力修善が不可能であることを知るようになって、如来の他力救済をたのむようになるのであります。それが欲生我国《よくしょうがこく》のこころであります。

仏は、第十八願の他力信に直接行けないところの自分の自力にのみ望みをかけている自力雑行《ぞうぎょう》のものを捨てやらずして、かかる人をも、死の刹那の最後に至るまでの間、常に彼らを愍《あわ》れみ照らして、その最後の間際《まぎわ》になりとも我を知らしめたいという如来の切なる念願であります。実に真実に信ずるということは難い事であります。私共はともすると、聞いても聞いても如来の救済が信ぜられないで、ああもすれば幸福になれるか、こうもしたら安楽になれようかと、常に自力心で考えるのでありますず。仏はかくのごときものに対して、汝のしていることは自力であって、到底駄目であるぞと叱らずに、そうした考えのものをも、その考えをこわさずに、それを縁として、いつかは助けずにはおかぬという御心であります。何でもないようですが、ここにも痒《かゆ》い所に手のとどくような、そして十方衆生の上に大慈大悲心をそそがれてある仏の御深切があるのであります。そしてこの十九願の願意は、常に私共の内心に往来していらるるのであります。

何のために彼の国に生まれたいと欲するのか、それは菩提心を成就したいためであります。親も子も、先立って死んだものも、現在せるものをも、一切の誰も彼もを、安楽にそして幸福にならしめたいと願う菩提心、この菩提心からして、それに入り用な智慧と力を得たいためであります。

善を修し徳を積む、俗に陰徳と申しますのも静かに考えますと、畢竟《ひっきょう》この菩提心から発しているのであります。このために一つ一つ悪いことを止《や》めて善い事をしようとします。ところが、自力では、その完全なる成就は到底不可能なのであります。本当をいえば私共には、善とは何であるか、悪とは何であるかさえ、分かっておらないようであります。したがって云っておるところの善とか悪とか、幸福とか不幸とかということも、好い加減な独断である事が多いのあります。

かように自力の心行では、到底真実をつかむ事ができませんが、と云って、幸福を求める心はなくなるものではありません。かえって反対に熾烈《しれつ》となるものであります。そこでついには仏の国、菩提心を完成さして下さる仏の御国が慕わるるようになるのであります。菩提心の成就を願いながらその成就の不可能に悩んでおるものを、いつかは第十八願に帰せしめねばおかぬ、そして助けねばおかぬというのが、この願の願心であります。

第十八願は若不生者《にゃくふしょうじゃ》といって「必ず」という意味でありますが、この願には「仮令《たとい》」とあります。一生涯は駄目であってもせめては、十九願の機類の人の命終らんとする時になりとも、観音勢至などとその人の前に現れて、我を知らしめ、我が心を知らしめ、その人の孤独の悩みをなぐさめて、信を得さしたいというのであります。けれども仏の真意は、臨終の絶対孤独の淋しさに遭遇して悩まない以前、すなわち臨終に至らざる平生《へいぜい》において、ちっとでも早く自力の心を改めて他力信心に住せしめたいのであります。

無信仰の人よりはましである。自力作善の人よりなお進んでいる浄土願生《がんしょう》の人々のことを、親鸞聖人は、「大経《だいきょう》和讃」に、

至心発願欲生《ほつがんよくしょう》と、十方衆生を方便し
衆善《しゅぜん》の仮門《けもん》ひらきてぞ、現其人前《げんごにんぜん》と願じける

と云われています。

たとい自力心であっても、諸善を頭から否定しないで、むしろ仮門《けもん》としてこれを肯定し、その門に来たるものを、真実門に至る善き順路として見ていらるるのであります。仏は第十八願において、真の大慈悲である他力救済の御精神を打ち出しておきながら、そこまで来得ないもののために、そこにいたる正しき順路として、また階梯《かいてい》として、すべての自力教を排斥せずして、かえってそれを真実門に入る階梯と見て肯定しておらるるのであります。菩提心を発《おこ》せよとの意《こころ》は一切の無宗教的の人々をも含んでいる語《ことば》であります。そして私はこの十八、十九の排列の順序を意味深く思うのであります。第一に他力救済の精神を出しておいて、そこまで直ぐ来得ないものを順序をもって助けんとしておらるるのであります。誠に十方衆生救済の本願たるにそむかぬ所以《ゆえん》であります。

『歎異抄』などに、親鸞聖人は、善も欲しからず悪も恐れなし、という他力救済の喜びを出して、念仏にまさるべき善なきゆえに、本願を妨《さまた》ぐるほどの悪なきがゆえにと申していられます。ここまで

絶対的に他力救済の本願を信ぜなければ信は成就せず、したがって歓喜《かんぎ》も起こらないのですが、ここのところが大変誤解されやすい点でありまして、念仏さえ信ずれば善も悪もあるものか、菩提心も何も要《い》るものかとか、自利も利他もあるものかと、云うような心になろうとするものです。この誤解は私を救うかわりにきっと悩みに導くものであります。この誤解である信に似たる不信の者のために、第十九の願を誓われたようにも見えます。他力救済の本願は善悪の無視ではなくして、善悪の超越であります。

十九の本願の意味を通らずして他力信を得たように思っているのが、多くの他力教徒の邪信に陥る所以ではなかろうかと思います。我は三願を転入したといわるる聖人の言葉は、よくよく心をとどめて伺わねばならぬことだと存じます。三願転入の意味は通ってきたという意味であって、通らなくてもいいということではありません。したがって善悪の蹂躪《じゅうりん》ではないのであります。私共は出来ない事を出来ないと素直に通ることができずして、つい苦しさのあまりに、不可能の痛焼《つうしょう》の極は、これを踏みにじってしまおうとします。踏みにじれば菩提心は枯れます。菩提心の枯死《こし》は自己の救いではありません。踏みにじらずしてどうかこれを生《お》い立たしてゆかんと希《ねが》う心が、ついに自力をすてて他力信に入らしむるのであります。他力信心は自力的には不可能であった菩提心が、はじめて春の光に逢って、蕾《つぼみ》をもつにいたったのであって、それは成就の喜悦《よろこび》であります。

『正像末和讃《しょうぞうまつ》』に、

正法《しょうぼう》の時機とおもえども　底下《ていげ》の凡愚《ぼんぐ》となれる身は
清浄《しょうじょう》真実のこころなし　発《ほっ》菩提心いかがせん

自力聖道《しょうどう》の菩提心　こころもことばもおよばれず
常没流転《じょうもつるてん》の凡愚《ぼんぐ》は　いかでか発起《ほっき》せしむべき

三恒河沙《さんごうがしゃ》の諸仏の　出世のみもとにありしとき
大菩提心おこせども　自力かなわで流転せり

これは、私共凡愚が菩提心成就の念願のために、自力の心行《しんぎょう》をもって成就せしめんとして、到底その成就を得ることの不可能であったことを申されたのであります。しかしながら、私共はどこにかこの念願成就の道を見出さないでは、たすからぬのであります。それが聖人の求道であって、ついに他力本願の信楽《しんぎょう》において、それを見出されたのであります。

『教行信証』には、「信巻《しんのまき》」において、

しかるに菩提心について二種あり。一つには竪《しゅ》、二つには横《おう》なり。また竪について、また二種あり。一つには竪超《しゅちょう》、二つには竪出《しゅしゅつ》なり。「竪超」「竪出」は権実《ごんじつ》・顕密《けんみつ》・大小の教《きょう》に明かせり。

歴劫迂回《りゃくこううえ》の菩提心、自力の金剛心、菩薩の大心《だいしん》なり。また横について、また二種あり。一つには横超《おうちょう》、二つには横出《おうしゅつ》なり。「横出」は、正雑《しょうぞう》・定散《じょうさん》・他力の中の自力の菩提心なり。「横超」は、これすなわち願力回向の信楽《しんぎょう》、これを「願作仏心《がんさぶっしん》」と曰《い》う。願作仏心は、すなわちこれ横《おう》の大菩提心なり。これを「横超の金剛心」と名づくるなり。

と申されております。

和讃にまた

浄土の大菩提心は　願作仏心をすすめしむ
すなわち願作仏心を　度衆生心《どしゅじょうしん》となづけたり（『正像末和讃』第十九）

度衆生心ということは　弥陀智願《ちがん》の回向《えこう》なり
回向の信楽《しんぎょう》うるひとは　大般涅槃《だいはつねはん》をさとるなり（『正像末和讃』第二十）

如来の回向に帰入して　願作仏心をうるひとは
自力の回向をすてはてて　利益有情《りやくうじょう》はきわもなし（『正像末和讃』第二十一）

『教行信証』の信巻のそのあとには『論註』の文を引いて示してあります。

三輩生《さんぱいしょう》の中に行に優劣ありといえども、みな無上菩提の心を発《ほっ》せざるはなし。この無上菩提心は、すなわちこれ願作仏心《がんさぶっしん》なり。願作仏心は、すなわちこれ度衆生心《どしゅじょうしん》なり。度衆生心は、すなわちこれ衆生を摂取して有仏《うぶつ》の国土に生ぜしむる心なり。このゆえにかの安楽浄土に生まれんと願ずる者は、かならず無上菩提心を発するなり。もし人、無上菩提心を発せずして、ただかの国土の受楽間《じゅらくひま》なきを聞きて、楽のためのゆえに生まれんと願ぜん、また当《まさ》に往生を得ざるべきなり

とあります。

『高僧和讃』の中の「天親讃《てんじんさん》」には、

尽十方《じんじっぽう》の無碍光仏《むげこうぶつ》　一心に帰命《きみょう》するをこそ
天親論主《ろんじゅ》のみことには　願作仏心とのべたまえ（第七）

願作仏の心《しん》はこれ　度衆生のこころなり
度衆生の心はこれ　利他真実の信心なり（第八）

信心すなわち一心なり　一心すなわち金剛心
金剛心は菩提心　この心すなわち他力なり（第九）

と申されて、自力の菩提心は凡愚の到底成就しうるところでないけれども、この菩提心が他力本願の信によってはじめて成就せしめらるることを、よろこばれたのであります。利他真実の信心をうるこ

とは自利であって、同時に利他を満足することができるのであると、信心ひとつをうることが、願作仏心であり、度衆生心であることをよろこばれたのであります。一が二の満足でなくては助からぬのであります。

願力不思議の信心は　大菩提心なりければ
天地にみてる悪鬼神《きじん》　みなことごとくおそるなり

と『現世利益和讃《げんぜりやく》』には、信心すなわち大菩提心であるがため、現在において、悪鬼神は畏れて善鬼神の夜ひるつねに守護したもうことを喜んでいらるるのであります。諸神のみならず、諸仏菩薩のまもりたもうことを信じて喜んでいらるるのであります。

和讃に、

臨終《りんじゅ》現前の願により　釈迦は諸善をことごとく
観経《かんぎょう》一部にあらわして　定散諸機《じょうさんしょき》をすすめけり

とあり、釈尊は、『観経』において、求道者に定善《じょうぜん》の機、散善の機があるといって、定善に十三通りの種類をあげ、散善に九品《くほん》といって九種類の分類をして説いておらるるのであります。そしてここにも釈尊は定善や散善を悉《ことごと》く肯定していらるるのであります。そして進んでゆけというのであります。通らないでは出てゆけんのです。我も人も真宗の信者と自ら許していながら、通らずにすましておるのではなかろうかと思います。それは脱線であって真門には入れないのであります。善もほしからず悪も恐れなしとか、自力無効か、他力とか、煩悩具足とか、菩提心とか、大事な言葉が、粗漏浅薄《そろうせんぱく》なる聞法《もんぽう》のために、いかに多く誤解されておることかと思う時、また事実上かかる人々に逢ってその信者の内的生活を知る時、私は哀れにも悲しまずにはいられないのであります。そして他力信心さえあればいいとか、念仏さえ信じていればいいとかいって、好い気になっているのですが、実はちっとも念仏を信じてもいなければ、他力本願を喜んでおらないのであります。ただ勝手に、そう思って、そう云って、喜んでいるに過ぎないのであります。かかる自分に気づいた者は、すなわち第十八願の真実信心に達しておらぬ自分を自覚した人は、無理に信者としてかじりついておらずに、第十九願の御意《ぎょい》をよくよく伺うべきであると思います。十九願の菩提心を出立点《しゅったつてん》とした自力修善は、仏果涅槃に到達し得る道ではないが、しかし、第十八の願に通ずべき筋であると、云われているのであります。この意味において『観経《かんぎょう》』は仏の大慈悲心を実に広く現わされたものであります。

和讃に、

　諸善万行《まんぎょう》ことごとく　至心発願《ほつがん》せるゆえに
　往生浄土の方便の　善とならぬはなかりけり

とありますのは、やはりこの第十九の願意をあらわされたものであります。

私共は、仮門《けもん》とか方便とか聞きますと、妙な先入感がありまして、あたかも一顧の値《あたい》すらないもののように思ったり、棄てて見返らない傾きがあります。それは最も注意すべきことでありまして、方便は真実から出たものであって、方便こそは真実に導くものであります。第十九の方便門は第十八の真実門から出たものであって、やがて第十八願に帰入することを得る門なのであります。その意を、「諸善万行ことごとく往生浄土の方便の善とならぬはなかりけり」と申されているのであります。菩提心の成就を念願として善を修《しゅ》そうとする心もちは大切なことでありまして、その終極が自然に他力門に入るのであります。先ほどから申しましたように、自力の努力が初めから皆目なくては他力は信ぜられないのであります。自力心の進むところ自《おの》ずから他力に帰入せざるを得なくなるのでありま す。何ゆえかといいますと、菩提心が強く起こってくればくるほど、修善修徳の心が起こってきて、そしてそこに自分の価値、自分の能力が分かってくるのであります。そして無為無能な自分のために誓ってくださってある如来の御深切が明らかになって、ここに自ずから如来の至心が分かってきて他力信に転入せずにはおられなくなるのであります。如来は私共を第十八願の真実信にゆかしめたいばかりに、しかも真実信にゆき得ぬ人々のためにこの十九の願を立てて、求道の出発点をしらしめ、正しく出直して出発せしめんとせられておるのであります。かかる人々が自力修善の不可能のためにいたずらに菩提心を抱いて悩みつつ死んでゆくのを、どうかして、死の最後にいたるその道程においてでも、真実の他力信に向かわしめんとしておらるるのであります。何とした御慈悲でありましょう。

この第十九願の人々は自然の帰結として、やがて二十の願に進むのであり、そしてこの二十の願の人々を必ず第十八の願に帰入するようにあらしめねばおかぬ、というのが次の第二十の願を誓われた所以《ゆえん》であります。

そして、かかる如来の願心と願力は、現に私共の生活の上に、種々の状態において時々刻々に通い来ておらるるのであります。

（聖典講読会筆記）

# 第二十の本願

この本願は「植諸徳本《じきしょとくほん》の願」と申します、また「不果遂者《ふかすいしゃ》の願」といい、「至心回向《えこう》の願」と申されています。

願文は

設《たと》い我、仏《ぶつ》を得んに、十方の衆生、我が名号《みょうごう》を聞きて、念を我が国に係《か》けて、もろもろの徳本を植えて、心を至し回向して我が国に生まれんと欲《おも》わんに、果遂《かすい》せずんば、正覚《しょうがく》を取らじ

とあります。

十方衆生が、南無阿弥陀仏という我が名を聞いて、我が国に生まれたいという念《おも》いをおこして、名号をとなえることは、諸々《もろもろ》の徳を修するにもまして諸徳の根本ともなるのであるから、この名号をとなえることを唯一の方法として、一心に専《もっぱ》ら名号をとなえ、それによって、我が国に生まれんと欲《おも》うものがあるならば、ついにいつかは、その願いを果たし遂げしめねばおかぬというのがこの願の意《こころ》であります。

すなわち、『阿弥陀経』一巻にはこの心が説かれているのであります。阿弥陀経において、釈尊が舎利弗《しゃりほつ》に対して懇々と説いておらるるのであります。すなわち極楽国土の功徳荘厳《しょうごん》の尊くありがた

いことを説いて、その国に往生せんと願わしめ、その国土に生まれて受くるところの境界《きょうがい》の功徳を説いて、さてその御《み》国に生まるる方法はいかんとならば、それは自力的の善根や福徳を修め積むことによってではなく、ただ名号を、もしは一日乃至《ないし》七日、一心にとなえて、一生怠らず捨てないならば、最後の時において、心が顚倒《てんどう》せずして阿弥陀仏の極楽国土に往生することを得ると教えられているのであります。

これを、法は他力にして機は自力なり、と申すのでありまして、これを他力の中の自力の人と申すのであります。

すなわち名号を信ずるについて、信ずる意味に二様あるわけであります。

南無阿弥陀仏という名号は本願の名号でありまして、第十七願の名号を信ぜしめ、そして救いたいというのが第十八の本願であります。自力的に願を発《お》こし、自力的にいかなる行をつとめても、到底助かることができずして悩む衆生を、あなたの大悲心から全々《ぜんぜん》如来の願力によって助けたいというのが、他力本願の真精神であり如来の大慈大悲心であります。その他力の本願を知らしめたいのが南無阿弥陀仏の名号であって、その名号は、如来自身の願心と願力を知らしめんとして私共に向かっておらるるのであります。すなわち南無阿弥陀仏の名号を聞かしめ、信ぜしめ、称えしめんとしておらるるのであります。

すなわち本願の名号を聞いて、この名号こそは、自力で助かることの不可能なる自分が、まったく如来の他力によって救わるるということを知らしめらるるのが本願の精神であると信ずるのと、他の一つは、他力救済の願心を名号によって顕現しておらるるその名号を聞きながら、なお自力の心をもってこれを迎えておるのとであります。すなわち、彼の国の功徳荘厳《しょうごん》と、その国に生まれた者の幸福状態に憧《あこが》れて、ひたすら願生《がんしょう》せんと願い、その国に往生する手段として名号を選んでいるのでありま す。すなわち他の善や他の徳と比較して、名号こそは尊いとか、名号こそは無上の善であるとか徳であるとか、他に比較し他に対して名号を選んでおるのであります。すなわち、名号を善本徳本として信じているのであります。すなわち、名号を聞きながら往生が他力によることを聞かずして、自ら選んで名号を諸善の根本とし、諸々の徳の根本であるから、念仏することは、自分が最上善をなしておることとなり、最上の徳を積み蓄えておることであると、名号を自力的功徳の最上の方法として見ておるのであります。すなわち、自力的に善と徳とを修めんとしてその不可能に到達しながら、なお、その自力的修善に代わるものとして名号をとり、名号を尊信して、最大の徳を積み修むる心もちで、一心に称名念仏しているのであります。この広大なる功徳を積修《しゃくしゅ》しているがためその徳が自分に回り来たって、その結果として彼の国に生まれ仏果涅槃の境地に入りうると思っているのでありま す。それゆえ、この願の人々は法は他力であるのに、己《おの》れはこれを自力心から打算して取り扱っているのであります。他力の中に摂しられておることを知らずして、自力心のすてやらぬ人でありま す。

静かに考えれば、まことに、勿体ないことであります。これは如来大悲の願心に対する侮辱《ぶじょく》であります。しかしながら如来は、かかる人をもついにはその願を果たさしめたい、果遂《かすい》せしめねばおかぬという本願を建てて下されているのであります。すなわち、名号を聞く聞き方に二様あるわけであります。

二十の願の人は十九の願の人よりは一歩進んでおるのであります。十九の願の人々は、菩提心を発《ほっ》こしておる人であり、発菩提心こそは真に自己幸福の方法であると確信した人であり、その目的を達するために修諸功徳《しゅしょくどく》に努力しているのであります。それが自己の安楽幸福になる唯一の道であると思っているけれども、それによって生死の根本苦がなくなるまでに進むことの不可能であることを知って、如来の浄土に往生せんことを発願《ほつがん》しつつある人であります。すなわち浄土を願生《がんしょう》するについて、発菩提心と修諸功徳とが、浄土往生の資料であると信じている人達であります。昔の聖道門《しょうどうもん》の高僧方の多くの最後は皆ここへ来ておられます。菩提心を発《おこ》してそのためにつとめてきたことによって、弥陀の本願は悪人をも救いたもうくらいであるから、自分のこの心とこの行とは、きっと悪人凡夫《ぼんぶ》にもまして、弥陀の浄土へ迎えとっていただけるに違いないと申されております。すなわち、『歎異抄』の「世のひとつねにいわく、悪人なお往生す、いかにいわんや善人をや」という心であります。

発菩提心、修諸功徳しながら、弥陀の浄土に往生せんと願う人々は、菩提心を発して、諸々の善と諸々の徳を行じて、我が力にて往生せんとしている人であります。この人々よりは二十願の人々は、自己に醒めて道に一歩進んでいる人々であります。

一般の人々、これを無道心の人といいます。この人々においては幸福とは現前の物質を充たすことであると考え、一切の苦悩を除去する方法は金であると考えたり、親であり、子であり、妻であり、名誉であり、知識であり、愛であり憎であると思惟して、十方八方に種々雑多のことにつとめて、要するに利他心を忘れたる自利心の人であります。利己心の発展こそは無上の幸福道であると考えておるのであります。すなわちこの人々は自己救済、自己幸福の道として菩提心を発こすことを知らず、したがって修善修徳の心もなく、かえって悪心悪行《ぎょう》を自己幸福の道とさえ考えております。かくのごとき人々は、十九願の中にも入らぬ人であります、それが前にも申しました通り、十九の願において修諸功徳を方便の善として認めらるることは、かかる人を十九の願に誘引せんとしていらるることであります。

それゆえ、かかる人々が自己幸福の真の道を求めて、ついには第十九の願の発《ほっ》菩提心の人となり、修諸功徳の人となり、それが一歩進んで至心発願《ほつがん》して欲生《よくしょう》の人となり、この第十九の願の人が、更に道を求め進んで二十の願の機類《きるい》の人となるのであります。それゆえ二十の願の人は、十八願の境地には進み能《あた》わぬのですけれども、自力心の究極の人であります。

至心回向《えこう》欲生《よくしょう》と　十方衆生を方便し
名号《みょうごう》の真門ひらきてぞ　不果遂者《ふかすいしゃ》と願じける

果遂《かすい》の願によりてこそ　釈迦は善本徳本を
弥陀経にあらわして　一乗の機をすすめける

定散《じょうさん》自力の称名は　果遂のちかいに帰してこそ
おしえざれども自然《じねん》に　真如の門に転入する

と和讃にこの二十の願意を申されております。自力善の心から、名号を善の根本とし徳の根本として、発菩提心を成就する徳の根本として、その唯一の方法として称名念仏しているものは、おしえざれども自然に真如の門に転入すると申されています。ですから、絶対唯一の善本徳本として名号を信ずることができれば、それは実に立派なことであります。しかしながら、実際において、ここまでに達することができるかというと、実にそれさえ至難なことであります。

道を求めて聞法した人々が、名号を万善万行《まんぜんまんぎょう》の総体であると聞いて「南無阿弥陀仏ともうす文字は、そのかずわずかに六字なれば、さのみ功能《くのう》のあるべきともおぼえざるに、この六字の名号のうちには無上甚深《じんじん》の功徳利益《りやく》の広大なること、さらにそのきわまりなきものなり」と蓮如上人の申されているの聞いて、善は出来ずとも、徳は行なえなくとも、罪業は深重《じんじゅう》であり、煩悩は熾盛《しじょう》であっても、本願の名号ひとつを称え、功徳広大の御念仏を申しさえすれば、助かるのであると思い込んでおります。かく御念仏を申しておるということによって、多くの人は本願を信じているように思っているのでありますけれども本当に本願の名号が信じらておるのでしょうか。名号によって他力本願が本当に信じられているのでしょうか。他力信心まではゆかずとも、この二十の願の自力念仏信まででも到達しておるのでありましょうか。これが至極疑問であります。自力信ながらも、徳本として名号を唯一善として、真に善を求むる心が名号によって充たされておるでしょうか。徳を行わんとして能わざる心が、名号によって充たされているならば、それは仕合わせなことであって、単にその心の仕合わせのみならず、「おしえざれども自然《じねん》に真如の門に転入する」のであります。この第二十の本願のましますからは、おしえられずとも願力の自然によって真如の門である第十八の他力信心にいたるのであります。私共は子細に自己の信相を黙検《もくけん》せねばなりません。

聞我名号《もんがみょうごう》という文字が、この二十の願において初めて出てきたのであります。第十七願においては、称我名者《しょうがみょうしゃ》とあって我が名を称えられんと誓われたのが、ここに我が名号を聞くと出てきたのであります。称えられねばおかぬとの誓いが、ついに、聞かれ称えられるに至ったのであります。私共は本願の果名《かみょう》であるところの名号を聞いて、ともかく今現《いまげん》に称えているのであります。称えながらまた聞いているのであります。聞《もん》という字の真意はなかなか深いことでありますが、最も普通な意味においても、私共は現に名号を聞いておるのであります。自ら称えておらぬ人でも、耳には聞いておるのであります。信心の人の念仏も聞いているであろうし、不信の人の念仏も聞いております。誹《そし》っている念仏の声さえ聞いております。そのいずれにせよ、名号は名号であり本願の名号なのであります。聞いておることはいつかは称えるようにならざるを得ぬのであります。それは願力のゆえであります。名号の聞こえているというのも願力のゆえであります。名号の聞こえているということ、名号の称えられておるということは、すなわち願力の成就であります。名号の聞こえているということ、名号の称えられておるということは、すなわち願力の成就であります。第十七の本願に称えられんと誓われて、それが称えられておるということは本願成就して成仏していらるることであります。一願の成就は他の願々の成就であります。名号の称えられているということは、私共の上に如来の光明と如来の願力との到達していらるることであります。

念仏すれば助かるということは、どんな人でもほとんど皆聞いています。いかに罪ふかくとも、いかに悪重くとも、仏の本願の助けたもうということを聞いておらぬものはありますまい。いかに罪ふかくともということは、いかに善ができなくともということであります。すなわち名号によっていかなるものも助かるということを聞いているのであります。すなわち本願の名号は私共に聞こえておるのであります。しかるに、私共に安心ができず歓喜《かんぎ》のないというのは、聞いていながら信じられないからであります。それゆえ、救いの問題には、信一つが大事なこととなるのであります。私は『阿弥陀経』を拝読してゆきまして、最後に「舎利弗《しゃりほつ》よ、もし善男子《なんし》善女人《にょにん》ありて、この諸仏の所説の名および経の名を聞かん者、このもろもろの善男子善女人、みな一切諸仏のために共に護念せられて、みな阿耨多羅三藐三菩提《あのくたらさんみゃくさんぼだい》を退転せざることを得《う》。このゆえに舎利弗よ、汝等《なんじら》、みな当《まさ》に我が語《ことば》および諸仏の所説を信受すべし」と読みきたるとき、有難さに如来の願心の前に跪《ひざまず》いて合掌せざるを得なくなるのであります。この諸仏所説の名、経の名を聞くだけで助かるということは、まったく大悲の本願であるからであります。まったく他力であるからであります。

十方微塵《じっぽうみじん》世界の　念仏の衆生をみそなわし
摂取《せっしゅ》してすてざれば　阿弥陀となづけたてまつる

恒沙塵数《ごうじゃじんじゅ》の如来は　万行《まんぎょう》の少善きらいつつ
名号不思議の信心を　ひとしくひとえにすすめしむ

五濁《ごじょく》悪時悪世界　濁悪邪見《じょくあくじゃけん》の衆生には

弥陀の名号あたえてぞ　恒沙《ごうじゃ》の諸仏すすめたる（『弥陀経和讃』）

「弥陀の本願と申すは名号を称えんものを迎えとらん」と云うのであります。これを親鸞聖人は「ただ念仏して」と申されました。「ただ念仏して、弥陀にたすけられまいらすべしと、よきひとのおおせをかぶりて、信ずるほかに別の子細なきなり」と申されました。「ただ念仏して」何と簡単明了なる表白でありましょう。何というありがたい一語でしょう。「ただ」ということは、一切自力の心行を排した言葉であり、念仏してとは他力の大願をあらわされているのであります。困ることは「ただ念仏して」というその言葉が自分のものとならぬことであります。すなわち信じられぬことでありますの。言葉を換えていえば、「聞我名号《もんがみょうごう》」と申されても本真に名号の真精神が私共の心に聞こえてきにくいのであります。ただその事一つであります。その事というとなんでもないようでありますが、自力根性の根強い自我心のために、あくまでも如来の他力を障《さ》えるのであります。それゆえ真の名号が聞こえないのであります。今、第二十の願の人はそれであります。

真宗では、聞《もん》の一字にきわまると教えられます。聖人は教行信証に、聞其名号《もんごみょうごう》の聞の字を解釈して「聞というは仏願の生起本末《しょうきほんまつ》を聞いて疑心あることなし、これを聞という」と申されています。真に聞くということは信じたことであらねばならぬのであって、信じたということは真に聞こえたことであります。

この本願に「聞我名号」とありますのは、名号を聞いてしかも十分に聞こえないのであります。九分《ぶ》九厘《りん》まで聞こえたのでありますが、最後の一分《ぶ》の自力心がなくならぬのであります。真に聞こえたということは、全分他力の御《おん》助けということに安住できねばならぬのであります。しかしこの九分九厘聞くということさえなかなかのことであります。

願力によって、耳にも聞き、口にも称うるに到ったのでありますが、称えつつも純心に信ぜられないがため、いよいよ名号のいわれを聞かねばならぬのであります。すべての善とすべての徳の最上である名号を聞きうることは、実に困難なことであります。

経典や聖教の言葉を聞いて、名号は万徳円満であるとか、無上甚深《じんじん》の功徳であるとか、根本善であるとか、大善大功徳《だいぜんだいくどく》であると聞いて、いかに尊い名号であるかと喜んでいても、それは単に耳のみによる信であって、そう聞いたからそう思っておくというにとどまって、真実に聞信《もんしん》したのではありません。それゆえ吾人《ごじん》の多くはいかほど聴聞しても要するに分からぬということに結帰してしまうのでありまして、最後には、何といっても念仏さえ申していればいいのであろうというところに落ち込んでしまうものであります。他に善ができなくとも徳が積めなくとも、念仏はそれらの善にましたる善であり、徳にましたる徳であるがゆえに、我等は解らぬなりに名号一つを称えてさえいれば助けて下さるのであると、これが幾たび新しく出直しても立ち還ってくるところであります。善のできぬときに念仏をもって善に代え、徳行《とくぎょう》のできぬとき念仏をもって徳に代えて、安心をしておくのでありま す。その心はまた罪悪のやめられぬ時に際して、その消毒剤として名号が使用さるるのであります。それらは皆、名号が聞こえておらぬからであります。多くは一時凌《しの》ぎの小賢しき利用に過ぎないのであります。

二十の願の、名号を聞いて念仏するというのは、真に「念仏一つ」となった境地であります。普通によく、念仏一つになったといいますが、果たして念仏一つになっているのでしょうか。それは求道心に統一がなく、無茶苦茶なんではありますまいか。悪を肯定したり、否定したり。善を肯定したり、否定したり。自力的徳行に権威を認めたり、また否定したり。同じ道を右へひょろひょろ左へひょろひょろして、何が何だか分からぬようになって混線したようになると、無闇《むやみ》に念仏一つというところに還ってきては、念仏一つに食らいつくのであります。かようなのは実は念仏一つとなっているのではありません。また念仏を善本なり徳本なりとし、根本善として信じ称えているというのでもありません。

二十の願の念仏というのは、十九の願を基礎として、真の道は菩提心を発《お》こすことであると知った人々であります。菩提心とは愛心であります、自愛愛他の完成を期して、それがために諸々《もろもろ》の徳を行なってゆこうとしつつある人であります。そして実行の上においてその難事に行き詰まって、ついに彼の国に往生せんと願うに至ったのであります。そしてその人がさらに一転して如来の名号の謂《い》われを聞き、名号こそは我が自力菩提心の因となるところの衆徳の根本であるとし、名号の価値を諸徳の根本、すなわち衆善の根本善として認知したのであります。

正しくこの二十の願の人は、名号を聞きながら自力心をひるがえさず、なお自力心のまま名号を自力心で取り扱っているのであります。それが次の至心回向《えこう》という文字によって明らかにされておるのであります。聖人がこの願を「至心回向の願」と名づけられたのは真に意味あることと存じます。自分の力の及ばぬところを名号によって充たさんとしているがために、一途《いちず》に名号を回向するのでありますす。善本である名号、徳本である名号、万徳円満具足の名号を称うるということは、自《おのずか》ら万徳を行なうこととなるのであるから、自《みずか》らなした徳が自分に回《めぐ》りかえって、自分を善き結果に向かわしむると思考して、その功徳によって彼の御国《み》に生まれんと願っておるのであります。回向とは回転向果《えてんこうか》の意味であります。これを自力回向と申すのであります。

かかる人々は、自力心ではありますが、自力修善の不可能であることには十分明了に醒めているのでありますから、名号称念を自力作善《さぜん》として思い過《あやま》っておることは、名号を聞いてゆくうちに、いつかは、なお一段の覚醒を得て、まったく自力心をすててついには他力の大信に入らしめねばおかぬという御本願であります。私共がたとい、善本徳本として名号を信ずるにいたっても、もしこの願力がないならば、永久に名号を善本徳本としてのみ称えていることでありましょう。善本徳本として称えている名号は、ついには心の落ちつかぬ悩みと不安とをうけねばならぬのであります。
聞我名号でありますす。私共は本当に本願の名号を聞かねばなりません。経に「正覚大音響流十方《しょうがくだいおんこうるじっぽう》」とあります。

しずかに観じますと、真に響流《こうる》十方であります。正覚の大音とは詮じつめれば、本願の名号であります。静かに心耳を澄まして吾人の環境を諦観《たいかん》しますならば、響きは十方に流れておるのであります。人々は名号によって本願を聞こうとしませんけれども、すべての人々は自己の幸福を求めて種々に迷い回った末は、自己の罪悪に眼醒め、利己心に醒めて愛他心を喚起されずにはおりません。そして自利利他、自愛愛他を念願するにいたるのは、名号の響きが十方に流れているからであります。響流十方の波紋は外周からその中心に集中して向かっているのであります。波紋の中心に吾人は置かれておるのであります。波紋は正覚の大音たる名号であります。正覚の大音は種々の因縁よって私共に名号を聞こえしめんとしておるのであります。修諸功徳《しゅしょくどく》の思念はようやく自力を離れて名号に近よらざるを得なくなるのであります。他力本願の顕現である名号は我々の心耳に入らんとして常に響きわたっておるのであります。しかるに吾人は、自力我心の強きがために、道をあらぬ方にのみ求めて、疲れに疲れて泣いているのであります。そしてついには三千世界に憑《たの》むところなく一人寂しく立つようになりて、善人も悪人も、賢者も愚者も、苦しめるも楽しめるも、皆悉《ことごと》く自己に醒めざるを得なくなるのであります。そのうちに如来の声として名号は響き流れておるのであります。知らず知らず、定かならねど声する方に心耳《しんじ》を澄まして、本願の名号に近づきつつあるのであります。それは本願力のゆえであります。聞かしめんとしておらるる如来の願心からであります。私共としては時々立ち止まりてその声を聞きたださねばなりません。そして過去を振り返って道を過っていたことに気づくならば、如来の名号は、耳底《じてい》深きところにおいて、やがて朗《ほが》らかに聞くことができることでありましょう。

如来本願の名号を聞かねばならぬように、吾人はつねに置かれておるものであります。それが如来の五劫思惟《ごこうしゆい》の願力であり、兆載永劫《ちょうさいようごう》の労作《ろうさ》なのであります。あくまでも聞かさねばおかぬように世界の状態が出来上がっているのであります。それは如来の利他心である衆生愛からであります、大慈悲仏心のゆえであります。この名号を正しく聞くことによってのみ、私共は助かるのであります。

重誓《じゅうせい》の願文《がんもん》に、

我、仏道を成るに至りて、名声《みょうしょう》十方に超えん。
究竟《くきょう》して聞こゆるところなくは、誓う、正覚を成らじ、と

聖人はこれを『正信偈』に、

重誓名声聞十方《じゅうせいみょうしょうもんじっぽう》

と申されております。

如来本願の願心は、吾人のごとく、苦をなくせんとして更に苦を深めつつある衆生、楽を求めて得ず、そして悩める人生生活の間に、その願力を及ぼして家庭問題や、生活問題や、人生問題や、死生問題に悩める中に入って、利他的愛他心である菩提心を喚起せしめんとし、すなわち自我心の強きがために、いまだ真に自己の道を得ざるものに対しては、宗教心の萌芽を芽ぐましめんとしていられるのであります。宗教的に道を求めるようになったのが発《ほっ》菩提心であります。そして十九の願のごとく育てんとし、さらに二十の願の程度に進ましめんとし、なお一転して第十八の本願他力の大道に入らしめんとしておらるるのであります。

私共内心の生活は、事実においては、混乱しておりまして正しく系統づけて考えたり進んだりしているものではありません。否《いな》、それはなかなか出来難いことでありますけれども、さればといって、たとい一度なりとも確かに内心に系統づけて求め、筋がたっておらないならば、本願の名号は永久に聞こゆることはないのであります。自力を信じたり他力を信じたりしていては、いつまで経っても、安住はなく常に不安であらねばならぬこととなります。一たび明らかに他力信に住することができますならば、聖人の申さるるように、「譬《ひ》如《にょ》日《にっ》光《こう》覆《ふ》雲《うん》霧《む》、雲《うん》霧《む》之《し》下《げ》明《みょう》無《む》闇《あん》」であります。自分は、自力によって救わるるか他力によって救わるるか、信じられたか信じられぬか、昼か夜か、はっきりならねばなりません。昼のようでもあり夜のようでもあるとか、信じたようにもあり信じられぬようにもあるとか、他力で救わるるようにも思い自力で救わるるようにも思う、というような所に、いつまでも低徊《ていかい》しているようでは、まことに悲しまねばならぬことであります。乱れたる髪を梳《くしけず》るごとく、私共は幾たびも第十九の願を仔細に味わい、また第二十の願を仔細に内心の上に味わい直してゆかねばならぬと存じます。

（聖典講読会筆記）

# 関東の大震災について

関東の大震、大火に死せる
我が親愛なる同胞諸兄姉幾万の霊に
深く、哀悼の意を表し
謹みて
弔意をささぐ

ああ、何たる悲痛極まる大災でしょう。

諸兄姉は、いかに驚かれたことでしょう。いかに切なき心に悩まれたことでしょう。またいかに苦しまれたことでしょう。それは私共の想像を超過しています。新聞紙上に頻々《ひんぴん》としてもたらされた悲報や、罹災《りさい》地から出てきた人々によって伝えらるる尽きざる惨状を聞くたびに、私共の胸はあまりに痛く、聞くに忍びなくなりました。けれども苦しい胸を抱えながら、その一つの事さえ、聞き求めずにはおられないのです。今ではあまりに限りなき数々の痛ましさに、私共の胸は堅くなり、神経は茫《ぼう》漠《ばく》として思いやるに堪えなくなりました。この興奮したる神経のやや鎮静する時を待って、おもむろに、改めて諸兄姉を思いやることでありましょう。

　幾万という諸兄姉のこの犠牲によって、私共に与えられた不言の教訓を体して残れる私共の一々が、自らの道を踏みたがえないよう進むことによって、諸兄姉に感謝することのほかに、私共は諸兄姉に対してなすべき道を知りません。もって諸兄姉をして私共の上に生きかえらしめたいと存じます。いささか思う所をのべて、謹んで弔意をささげます。

# 慰問の辞

関東にある我が、既知未知の罹災者諸兄姉に対して、いささか慰問の辞をささげたいと存じまして、ここに筆をとります。

この度の変災はまことに恐ろしい出来事でありました。私どもは初めはさほどに思っていませんでしたが、詳報をうるにしたがって肌に粟《あわ》を生ずることばかりで、呆然《ぼうぜん》としてしまった次第であります。

皆さんの中には、骨肉を失って悲惨なる死別をせられた方もありましょう。生き残れたことは幸いのようであって、時には生き残ったのがかえってやるせない苦悩であり、自分の生存を祝福していられないで、昼夜に悩んでおらるる方もありましょう。

また、震災によって負傷し、火災によって負傷して、悩んでいらるる方もありましょう。たといそれが軽傷であっても、将来に対して、それがために、悲観して、生の苦悩を感じて泣いていらるる方もありましょう。

また自分は幸いに健在であっても、骨肉の親や夫や妻子と生別してそれらの生死を明らかにすることの出来ないために、狂わぬばかりに昼夜に思い煩っていらるる方もありましょう。

また、家族は無事であっても、家や財産のすべてを失って途方にくれていらるる方もありましょう。今はまずまず幸いであったといい、死するよりは負傷するよりは、家族を失うよりは、と、ひたすら生存を喜んでおられても、静かに考えらるる時は、財貨のすべてを失い、家を失い、事業を破壊されて生存せらるることは、いかに現在において不自由であり、将来に対して困らるるかは、御同情の限りであります。

あるいはその一つの災厄にとどまらずして、その二つを兼ね、三つを兼ねて悩んでいらるる方もあろうと存じます。かく様々の様子を承ってゆくと、難儀や、恐ろしさや苦しさは、数限りなくあって、どんなことでも、ないことはないようであります。あまりのことに何といっていいか、申すべき辞《ことば》がなくなるのであります。

けれども、負傷した方々は、どうか、かかる身心の悩みをこらえて、自分一人を早く全快に趣《おもむ》かしむるように養生をせられまして、できるだけの健康になってくださるるように念じます。あれこれといろいろに思い悩んでもそれは何の所詮もないことでありまして、自分一人をよくするという事が他のためになることでありますから、当面の仕事としては第一に健康体になることのみに努力して下さるるようお願いたします。余事を省みるということは、あなた自身を煩わしていよいよ不幸に近づかしめることとなります。それはまた何の所詮もありません。あくまでも生きる方に向かって進まねばなりません。それはこの人生にあなたのなさねばならぬ大事なことが、残っておるからであります。

家族を死なしめ、家族の悲惨な死を前にして生き残っておるということは、いかに心苦しい事かと存じます。泣いても泣いても飽き足らないことであります。精一杯泣くがよろしい、悲しむもよろしい。しかしながら、死した彼らのためにそれが何になるかと考えらるるならば、自分にかえって、彼らのために我は何をなすべきかであります。いかほど泣いても悲しんでも、ただそれだけでは、自分を苦しめるばかりのことであります。いかに人生をはかなんでも、人生を呪っても何にもならずに、それはただ自分の苦しみを深めてゆくに過ぎぬのであります。静かに彼らのためを考えるならば、彼らを通じて自分に与えられたる教訓を味わい、ひたすら自らの道を求めて進むことが、彼らを弔《とむら》う真意に契当《けいとう》して、彼らを生かしむることとなるのであります。

いかに自分が生存したからといって喜んでおれるものではありません。いずれも静かに考えると、必然に悲観に陥《おちい》らずにはおれぬようになります。しかし、悲観に陥ることは禁物であります。実に無理のないことでありますけれども、それは慎まねばならぬことであります。

あまり切なく苦しく感ずる時、誰でも悲観に陥らざるを得なくなります。前途の難渋《なんじゅう》であることを望むとき悲観するようになります。前途に光明の見えなくなった時には必ず悲観するものであります。

如来の光明はたゆる時なく、かかる吾人《ごじん》の上に常恒《じょうこう》に照護されておるのであります。

これを知る人は悲観から脱することができましょうが、これを信知せぬ人も悲観してはなりません。悲観しなくてもいいのであります、また悲観せなくなるようにならねばならぬのであります。

かかる災禍に出逢っては、落胆、自暴自棄、悲観は免れぬことであります。時には死を選ぼうとすることさえあります。現に死する人があると聞いておりますが、たとい死なずとも、それに近い考えを起こさるる方も少なくないことと存じます。大事変に際会《さいかい》して死するということは、時には易いことであって、かえって生きてゆくことがなかなかの難事であります。けれども死を思うということや悲観するということは、この難事を避け、逃げようとするから起こることでありまして、それは正しき道ではありません。私は死せんとする方々のことを憂います。死を選んでしかも得られぬ場合に受くる悩みは死以上でありますから、その御《お》心に同情するのであります。死ねないのは「生きよ」という自然の命《めい》であります。

「感激して死するは易く、静平《せいへい》として義に就《つ》くは難《かた》し」と古人が申しておりますように、静平に心をもってかかる難関に処してゆく方が死するよりも大切なことであります。義に就くは難しで、我がなすべきをなしてゆくべきであります。

外界《がいかい》の事情に負けずに、この命ひとつがあるからは、この身一つがあるからは、何がなくとも、これから創造し建設してゆくべきであります。たとい幾ばくの財貨を失うとも、この心一つを失ってはならぬと存じます。

この場合において最も大事なものは、皆様のこの心であります。この心ひとつを失ってはいかにあなた自身を悲境に陥《おとしい》れ、苦境に導くかもしれないのであります。

他の人をかえりみて自分と比較して、他のものの禍いの少なかったことを羨《うらや》んだり、自分をはかなんだりしてはなりません。自分は自分です。自分だけを見て他を見てはならぬと存じます。自分は自分だけ精一杯をこれから尽くしてゆくばかりであります。幾たびどんな災難に際会しても、この心さえ失わなかったならば、それが一番自分を幸福にするのであります。

それと同時に、あまりに他にたよる心を起こさないようにして頂きたいと存じます。人間として自分に困るときは、他にたよる心を起こすものですが、他にたよる心はあなたを幸福にするかわりに、いよいよ不幸にするからであります。兄弟なれば、もう少し何とかしてくれても好いと思ったり、親類なれば何とか力を足してくれそうなものだとか、友人なれば今少し親切と同情をめぐんでくれてもよかろうに、と思わるることがあるかもしれません。もとより友人としても、親類としても、骨肉としても、出来るだけの援助をすべき時でありますけれども、どうせ人間生活は自分及び自分達一家を支えてゆくだけが、なかなか重荷なのでありますから、他の人にまで十分満足せらるるほどに尽くすということは到底出来るものではありません。けれども自分の考えたほどの世話をしてくれたり、それ以上の世話をしてくれますならば、それは意外の幸せであり恵みであります。しかしながら、それを予期したりそれを要求したりするものではありません。それゆえ何といっても、変災《へんさい》にかかった方は不幸であると存じます。ただ他に求めざる自立心を尊重して、万難を排してでも、これから、新しく創造し建設してゆこうとする、雄々《おお》しき心をもって起《た》ち上っていただきたいものであります。この心一つの失われないことを切に望んでやみません。この心一つさえあれば、この心が外に顕われて、自然と道がついてくるのであります。たとい、以前のごとき状態にはかえらずとも、あなたは幸福に進んでゆかるることができます。以前の状態と同じにかえるということが、必ずしも幸福とは限りません。心の持ち方によっては、以前以上の幸福なる生活をすることがきっと出来ると信じます。悲観し過ぎたり、たより過ぎたり、さればといって、負け意地を出して他の厚意を受け容れなかったりするのは、皆精神の病的状態であります。

追々冷気に向かいつつあります。今日帰って来た方から聞きますと、そちらでは、爾来《じらい》毎日二回以上の小震が絶えぬそうであります、したがってお心の落ちつかぬことと察しますが、どうぞお身体《からだ》を大切に願います。私は、それ以上に御精神の健全を念じてやみません。

災禍の外に立って御見舞申しましても、それは徹せぬことでありましょうけれども、黙しておることができませんので、いささか思うところの一端をのべて、御慰問の辞といたしました。

# 吾人の上に降れる自然の大教訓

思いがけもなき大事変が、関東の地に突如として起こったのである。否《いな》、日本全体の上に起こったのである。悲惨なることのありたけが湧起《ゆうき》した。震災についで、火災となり、生別、死別、孤独、負傷、数え切れぬありとある惨禍が一時に一処に集まったのであって、食に飢え、水に渇し、衣に窮し、さしもの首府が破滅にも均《ひと》しい状態となり、今にその処置がつかず、二旬を過ぎて今なお死屍塁《ししるい》を築き、処々に死骸の散乱を見るというに至っては、実に夢のごとく、この世ならざる出来事の感がある。

今や昼夜兼行の状態で政府当局は更なり、日本全体として、その処置と復旧とに全力を捧げているのである。我が日本国民として、一日も早くその緒《ちょ》につくことを希《ねが》わぬものがあろうか。また直接間接に国民たるものは、我が同胞の急を援助して、帝都の復旧に急がねばならぬのである。

しかしながら、それと同時に、吾人は罹災者であると否とにかかわらず、かかる出来事に対し、深き思慮をもって、この事件から無言の教訓を聴《き》かねばならぬと思う。

吾人はかかる文化の発達したる時代において、あり得べからざる出来事に際会した。その一つでさえ起こり得べきこととは考えなかったのに、その多くが一時に来たのである。かかる事はこの現実の世界においてはあり得べからざることと思惟されていたのである。そして死後の世界においてさえ、それがありうべからざることとせられていたのであった。その酸鼻《さんび》極まる事変の数々が、目前に出現したのである。あらゆる地獄が一時に羅列《られつ》されたかの惨状を呈したのである。

いかなる人もこれを偶然の出来事にして看過するにはあまりに悲惨であって、何らの意味をそこに味わずにはおれないのである。それは何の意味もないことかもしれぬが、何となく考えさせざるを得ぬのである。

あちらにもこちらにも、数百ずつの同朋が一団となって焼死したのである。死者は三万、四万と報ぜられて毎日増加しつつあるが、それは今日まで調べのついた分にとどまって、なお幾らになるか分からぬのであるという。罹災者は幾十万と数えられ、百万をもって数えられんとしている。その損失価額は幾十億と呼ばれておる。国民全体として考えさせずにはおれぬ事件である。

人智を尽くして発達したにもかかわらず、その総《す》べてが、天然の暴威によって何の苦もなく、叩き毀《こわ》されたのである。耐火は耐火にあらず、耐震も耐震とならず、消火機関も用をなさず、交通機関も破壊されて、水に渇《かつ》し、衣に食に、あらゆる事に窮して、救援防御の方法さえ講ずることができなかったのである。

これは羅災地方の士人《しじん》を責めるのではない。学者、技術者を責むることも出来ぬ。帝都に倣《なら》って各都市は皆、同様の状態に置かれておるのであって、人々は皆、そこに安心しているのである。

今更ながら人智の不完全を思わせらるるのであって、まったく全体としての吾人が軽卒なる安心であり、不注意であったことを三省しなければならぬのである。要するにこれは人心の油断であったのである。現代の人心は我も人もあまりに軽挙かつ油断に過ぎていたと思える。油断なるがゆえに安心すべからざることに安心して、不注意に慣れていたのである。一方の便利を考えて他方の不利を考えず過ぎてきたのである。不注意なる文化発展は、非文化よりも一層に惨禍を大ならしめ、これを助長せしむるような資料となった。その欠陥のためにかえって遺憾なく災禍をして猛威を恣《ほしい》ままにせしめた結果に帰した。

油断の反面は人力自力の過信であったのである。これで大丈夫と考えていたことが皆大丈夫ではなかったのである。考えずにやったことは一つもなかったに相違ないが、あまりに軽く安心しすぎていたのである。軽々しい安心ほど恐ろしいものはない。

鳥窠《ちょうか》禅師の昔話が思い出される。鳥窠禅師は常に高き樹の上におられたから、その名があったのである。師と親しい白楽天がたまたま道をゆきて樹の上に禅師を仰ぎ見たところ、禅師はうつらうつらと居眠りをしていたので、白楽天は驚いて下から禅師を呼び醒ましたというのである。禅師は眠りより醒めて「何だ」と問うたところが、白楽天は「樹の上で居眠りをしておられては危ないではありませんか」というと、禅師は一喝して「危ないとはお前のことだ」といわれた。それ以来、白楽天は道を求めて仏教の信者となったということである。

幼い時に聞いた話ではあるが忘れられない話である。危ないことを知って覚悟の上で、樹の上に居眠りをすることは、油断がないからかえって大丈夫であるが、大地を歩いて大丈夫大丈夫と思っている方がよほど危ないのである。軽々しい安心は平安な道の上にもどんなことに出逢うかもしれない、しかも死の問題はなおさらである。平生《へいぜい》これでこそ大夫丈と考えて不安に備えない安心こそ、極めて危ないものである。

私は、道路が燃え上がったから昔なりの道路が好いというのではない。電灯が消えたから蝋燭《ろうそく》が好いというのではない。水道が破壊したから井戸が好いというのでもなく、汽車が不通になったから駄目だというのでもない。むしろ以前以上の文化の粋を集めた都市を再建せねばならぬが、前以上の注意をもって、すべてが用意せられねばならぬことを切に思うのである。

安政の震災以上であったから、かくのごとき災禍をきたしたといっても、これ以上の震災がないとは限られないのである。さすれば今度の災害の程度を標準としたからといって安心のできるものではない。いかなる地震にも耐えうることを前提として備えらるるものでもないけれども、万事について軽く安心するという事は不用意なことであって、恐ろしき災禍に陥らねばならぬことを忘れてはならぬ。

今度の事ほど私共の心を脅迫して不安に襲われしめた事はない。これは永久に吾人の忘るべからざることである。

財産があるからと安心している事ができなくなり、子があるからといって安心しておれなくなり、事業が盛大にゆくといって安心しておれなくなったのである。健康であるからといって安心できず、また若いからとて安心できなくなったのである。財産も地位も生命も悉《ことごと》くが、根底から安心を打破されたのである。安心すべからざる所に安心していたのは過ちであったのである。されば吾人は何処《いずこ》に安心を求むべきかである。何処にか安心のところを求めずしてはおれぬのである。我々は不安に襲われた実教訓によって、真摯に安心の地を求めねばならぬのである。それが求道であって、仏の教えはこれがためである。

「心を弘誓《ぐぜい》の仏地《ぶつじ》に樹《た》て、情を難思《なんじ》の法海《ほっかい》に流す」ということは、正にこの安心の境地を示された言葉である。

何が困るといって、国家としては人心の不安が一番困ることであり、個人としても一心の不安がすべての原因となって、生活を不幸福に向かわしめるのである。

今までは安心すべからざる所に心を置いていたが、今やその過ちであったことが自覚されたとすれば、しからば、この心の安定は何処《いずこ》に見出すべきやであって、これが吾人に直接示された教訓の大なる一つである。

不可抗力の事変に当面したとき、人心は深き思慮を欠いて不合理な理論の所有者となり、あるいは迷信に陥り易いものである。吾人は健全なる思想の所有者となることにつとめねばならぬ。多大なる同胞の死と、多大なる財貨の消失によって示されたるかかる事変に際会しながら、不合理な理論に陥り、精神の帰着と安定をあらぬ方に求めるに至っては、同胞の死の犠牲を水泡に帰するものであって、吾人が健全なる思想と真の安住の道に進まざるにおいては、何処に死者に対する意味が立つであろうか。幾十億の国家的損害は何によって償われるべきかである。国家的大損失を単なる損失として消失せしむることは、あまりに心なき業《わざ》である。

大阪人のあまりに金に固執して、確実にこれを所有することに没頭する原因は、遠く徳川時代以前よりの官権の横暴からであるという。京都人の貯蓄心に富んで肌身を離さないのは、権勢掠奪《りゃくだつ》の戦乱に、絶えざる火災及び放浪生活の遺風であるという。東京人の宵越しの金は持たぬという気風は、火災の常に絶えざるがためからきておるということである。その真偽は別として、境遇の人心を支配することは疑いなきことである。

とにもかくにも、かかる国家的大変災に際会しては、多少とも人心に影響せずにはおかぬであろう。

罹災地方の人心としては、悲観と自暴自棄に陥り易くはないかと思う。火災保険も問題であり、生命保険も問題であり、家があっても財産を蓄えても、それらのすべてが一朝にして悉く破壊されて、不安の状態となったということは、過去及び前途の悲観とともに自暴自棄に陥り易いのである。六十歳にして失敗したる人は再び立ち得ないと云われておる。それは精神において気力を失って、たとい再起を企《くわだ》つとも旧態に復することの不可能を感ずるからである。今度のこともいかに多くの人が再起に困難することであろう。あまり困難なるがために自暴自棄に陥らんとすることであろう。

関東の人士《じんし》のみならず、かかる大事変によって、今まで安然としておった根底に動揺を感じて、遠大の計をなすことを欲せなくなり、ただその時その時の快楽を享受してこれに耽《ふけ》らんとすることであろう。

右しても駄目なら、それをまったくやめて左せんとするのは、普通人情のしからしむる所であるが、それは正しき考え方ではあるまい。いかに戸締りをしても盗人の這入《はい》ることがあるといって、しからば戸締りは一切せぬこととしようと考えるのと同じである。戸締りをしなくとも盗人の這入らぬことがあるといって、されば面倒な戸締りはせぬ方が好いと考えることは正しき考え方というべきではない。右かしからざれば左かと、極端に急いで理論を定めようとすることは正しき理論ではない。しかるに多くの人はそう考えようとする。

蓮如上人は、

時節到来と云うこと。用心をもし、そのうえに事の出《い》で来候うを、時節到来とは云うべし。無用《ぶよう》心《じん》にて事の出《い》で来候うを、時節到来とはいわぬ事なり

といわれているが、実にそうである。

いつ死ぬかもしれぬと心得て、しかも百年の計をなせ、ということがあるが、まことにそうである。いつ死ぬかもしれぬということは真《まこと》であるけれども、だから、働かずに面白い楽しいことをできるだけ取れということは、百年死なかった時に泣かねばならぬこととなる。生が不安であるからといって、またすべてが不安であるからといって、百年の計を捨ててはならぬのである。不安と自知したものが不安なものの上に絶対的な安住所を求めることは過りであって、不安は不安として「三界不《さんがいふ》安《あん》、猶如火宅《ゆにょかたく》」と知るならば、他に安住の所を求むべきである。人生が不安であるといっても、命のあるかぎりは、衣食のためにも百年の計をなし、子孫のためにも考えるべきである。

次には、迷信に陥ってはならぬことである。日本に迷信の多いということは、思想の健全でないこ

との証拠である。水難、火難、安産、商売繁昌、病気平癒、家内安全、無事長久、息災延命、国難消滅等、数えきたらば実に限りがない。そして随分多くの人士《じんし》がそれに支配されている事は、上下を問わないありさまである。この上になお大事変によって一層それらに傾き易いことである。

人為のいかんともせん術《すべ》のなきことを知るとき、多くは神仏に祈願をかくるものである。神を信じ仏を信ずることは、一見美《うるわ》しき心のようであるが、その内容を仔細に験するならば至極矛盾したことである。それにも気付かずして平気に人も我もこれをなそうとする。

人為人力自力の不可能を知るならば、それを捨つべきであるのに、なお神仏という形をかえた自力人力によって、事を左右せんと志しておるのである。

祈願によって事を未然に防がんとするけれども、真に防げたのであるかを考えねばならぬ。祈願によってこれ以上に災禍のきたらぬことを希《こいねが》うけれども、それが真に防げたのであるか。深く考えないのであるから、祈願の希望と事件とが偶然一致した場合をもって、祈願の有効であったことを思っているが、一致しない場合はそれまでとして、少しも怪しまないで過ぎるのである。それは神威、仏力を侮蔑《ぶべつ》していることである。神仏というものが、汚《けが》れに惑える人間の意志に左右せらるべきものであるべきはずがない。そんな神仏がもしありとすれば、それは神でも仏でもない。

神といい仏と名づくるものは、人間以上でなくてはならぬのであって、それは大慈悲なる心でなければならぬと同時に、また真理を尊びたもうものでなくてはならぬではないか。しかるに我欲貪婪《どんらん》なる我々の欲望を、しかく軽々に聴許《ちょうきょ》したもうべきではない。「心だにまことの道にかないなば祈らずとても神やまもらん」であって、我々の心行が、神仏の愛したもう真理に、かなうか否かによって定まるのであろう。それをも省みることなしに、その時々の欲望にしたがって希求したって、何で神仏が聴きたもうであろう。

一時の神経を休むるために神や仏を利用する様なことは、むしろしない方がいい。それは神仏を崇《すう》信《しん》することのごとくあって、実は侮蔑《ぶべつ》しているのであるからである。

祈ったものも死んだ。祈らぬものも死んだであろう。火災の御守《おまも》りを大切にした家も焼けたであろうし、それをしない家も焼けたであろう。すべて同様に、そんなことで安心したり、災禍を免れようとしたり、繁栄を願ったりしていてはならぬ。そんなところには神も仏もおらないに定《き》まっている。人間同士でさえ聴かない貪欲きわまる願いを、何で神が聴きたもうや。かかる事変に際しては、平生《へいぜい》の迷信的祈願が一層流行するかもしれないが、それと反対にかかる事変に際会して、静慮沈思して、かかる不健全なる迷信的思念から醒めて、健実なる思想を辿らねばならぬ時であると思う。人心が混乱して、動乱と不安に充たされている今日の場合においては、正しき思念のみが、この混乱を鎮静せしめ、真実に人心の健実を持ちきたすのである。

『大無量寿経』に

仏の遊履《ゆうり》したもうところの国邑丘聚《こくおうくじゅ》、化《け》を蒙《こうぶ》らざるはなし。天下和順し日月清明《しょうみょう》にして、風雨時《とき》をもってし災厲《さいれい》起こらず。国豊かに民安し。兵戈《ひょうが》用いることなし。徳を崇《あが》め仁《にん》を興し、務《まつりごと》礼譲《らいじょう》を修す。

とある。

仏の遊履したもうところということは、したがって仏の説きたもう真実の教えを聴いて道を修むるにいたることである。正しき道を求め、正しき道を聴き、正しき道に随順して、その心が真理に一致するに到らば、自《おの》ずから、天下は和順し、日月も正しくてらし、四時の季節も風雨も時をあやまたず、災厲《さいれい》も起こらなくなるのは自然の理であるとの意《こころ》である。民心安んじて一国栄え、兵戈《へいか》も用いるの要なく、崇徳興仁《すうとくこうじん》の風《ふう》四海にみちて平和となるのである。

（大正十二年九月一日関東の大震災に際して）

# 喜べるだけ喜べ

「光明遍照《へんじょう》十方世界」と『経』にある。これを信知するかしないかによって、人間の幸不幸は分かれると教えられたことは、真《まこと》に尊いことである。

御慈悲のみ光だが、十方世界にみちているのであるから、人世はさほどに心配しなくともよいように出来上がっているのである。これを知らざるがゆえに憂悩《ゆうのう》多く、これを知れば安意をうるのである。

私共はよくよく貧乏性に出来ている。貧富は金によって決まるのではない、根性によって決まるのである。如来の三誓《さんせい》の偈の第二には「我、無量劫《こう》において、大施主《だいせしゅ》となって普《あまね》くもろもろの貧苦《びんぐ》を済《すく》わずんば正覚《しょうがく》を成らじ」と誓われた。自らは大施主とならんと誓い、そして普く諸々の貧窮を済わんと申されたのである。私共を呼ぶに、貧窮の二字をもってせられたのであるが、いかにも私共一切衆生は、貧窮である。財産や金がいかほどあっても、その心はたしかに貧窮者である。資財に乏しい者の心も無論貧窮者である。あるも貧窮、なきも貧窮である。貧窮なるがゆえに憂悩の生活者である。金ができたから富者《ふうしゃ》ということは出来ない。その心が富者にならなくては、幸福者にはなれないのである。

資産もないが、心も貧窮な人がある。
資産はあるが、心の貧窮な人がある。
資産はないが、心の富める人がある。
資産もあり、心も富める人がある。

すべての人を右の四種と分けることができる。外の貧富と内の貧富とである。前の二種の人は不幸であり、後の二種の人は幸福というべきである。

第一の外も貧、内も貧であるよりは、第二の、外は富《ふう》であり、内は貧である方が勝れておるといえよう。第二の外は富であり内は貧である人は、それは外形の富者であって、真の幸福者ではない。それよりは第三の、外は貧であっても内心の富者である方が幸福に違いないのである。しかしながら、それよりは第四の、外も富であり内も富であることが、何といっても理想的であり、真に完全なる幸福者と云わざるを得ないのである。それだけに外富内富《がいふうないふう》になることは非常に難しいことであって、よほど選ばれたる天分の人でなくては得られないことであり、またよほど修養しなければならぬことである。ともすると外富は常に内貧となり易いからであり、外物に対して執着し囚《とら》われざる修養を要するからである。それゆえ、せめては第三の、たとい外貧《がいひん》であっても内富《ないふう》であることを念願せねばならんのであって、いずれにしても内富《ないふう》であることを外《ほか》にして幸福を感ずることは、もうあり得ないことである。願わくは常に富者の心でありたい。

内に自分の心を、のぞいてみると、いかに貧乏根性に出来ておることかと思う。過去を想い出すと、いつでも、苦しかったことや、腹立ったことや、くやしかったことや、憎らしかったことや、失敗したことや、恨めしかったことやでいっぱいであって、面白かったこと、有難かったこと、嬉しかったこと、成功したこと、楽しかったこと、人々から頂いた御恩を喜ぶということは、容易に想い出せないものであって、過去の追憶は、常に自分を不幸に引きずり落とすばかりである。

現在を見て、有難いと喜べることは朝から晩までにほとんどないのであって、ただ不足でいっぱいになっていて、ただあせってばかりおり、腹立ち、不平、不満で充ちているものである。たとい喜べても不精無精《ふしょうぶしょう》、強いて喜んでおくぐらいのことであって、その心根《こころね》を調べてみると何と貧しい根性かと驚くばかりである。それは財産のある人もない人も同然であるらしい。何とした勿体ないことであろう。

将来に対しても同じことであって、たよりない淋しさと、不安と、恐怖《おそれ》と、要望ばかりが盛んであって、不足の感ばかりである。いつ考えてみても、富者らしい満足と、安心と、希望と、歓喜《よろこび》の影は見えないのである。「貧窮者よ」と呼ばれても、何とも申せない心中である。奮闘、努力、精励などと、掛け声を大きくして働いているけれども、それはみな貧者の言葉であって、その容姿《すがた》、その顔色《がんしょく》、言語は、まことに貧しいものであることを自他の上に見せられている。それは自己一人の生活としても苦しい生活であり、衆多共存の生活であっても苦しいことである。願わくは、富者の言葉として、奮闘、努力、精励の生活者とならねば、幸福は永久に生まれてこないであろう。他力信の生活はそれを示されたのである。

如来が大施主となって貧窮を済わんとの念願は、貧窮生活者の私共に何を与えて、施主たらんとせられたかといえば、信心を与えんということであって、信心によって富者の心を与えんとしていられるのである。外の改造でなくて正に内の改造である。内心を改造せんとする念願のためには、外にも与え、外部をもととのえんとして施与をなしたもうことは、申すまでもないことである。「光明遍照《へんじょう》十方世界」とは内外に通じて、私共の心を改めて、ひとえに富者たらしめんとの念願である。してみれば、私共は、すべてに対して、喜べるだけ喜びたいものである。喜べるということは富者の心であり、喜べないということは貧者の心である。

『華厳経《けごんきょう》』に、心は巧みなる画師《え》のごとしと申されている。この心一つによって世界は変わる。生活は変わる。

地獄の画《え》を織り出したのは経《たていと》と緯《よこいと》とである。極楽の曼陀羅《まんだら》も、同じ経と緯との糸である。同じ経と緯との糸の抽《ひ》き出しようによって、地獄と極楽との世界が現出されてくるのである。

夏の暑くて苦しいのは誰も同じことである。夏と冬とは苦悩多く、春と秋とは好適であることは云うまでもない。しかし夏の暑苦しい中にも、味わいようによっては決して苦しいことばかりではない。しかるに苦しいことばかりを抽《ひ》き出して、楽しいことを抽き上げないならば、苦悩にみちた生活の絵ができ上がって、悩むばかりの生活をせねばならぬこととなる。苦はいよいよ苦しくなってくる。

職業によっては、苦しいばかりの生活もあるであろう。けれども、私共の生活で考えてみても、夏の暁《あ》け方の静かなる平和さといい、炎熱やくがごとき中から冷風の交じってくる嬉しさ、夕暮れの慈風が惜し気なく吹き来る快さ、日中の猛威をまったく忘れしめる夏の山間樹林、海岸の広闊《こうかつ》、夏の夜の更《ふ》くるを忘れしめる清涼。第一、浴衣《ゆかた》一枚を引っかけて暮らせる軽々しい味は、私の冬の厳寒からの待遠しい期待の一つであり、時々湯に入る楽しみ、再々水浴する喜びなど、挙《あ》げきたれば随分味わい楽しむことも多いのであって、私はかつて日中の散歩は堪えられないと思っておったが、一緒に散歩をしようと、小林院長に引っ張り出されて、屋根瓦がキラキラと日中の陽《ひ》を受けておる、あのキラキラする所が何とも云えぬ。僕はあれが好きなんだと云われたので、私はあれが嫌いなんだというと、いやそうでない。あれが何とも云えぬ気持ちの好いものであると云われてから、そうかなあと、味わってみる気になってから、嫌いなキラキラが、大分好きになったのである。

その他の日常生活についても、同じように味わうべきこと、喜ぶべきことを探して、なるべく拾いあげるように心懸けるべきであると思う。そしてしみじみと味わい、飽き足りなく喜ぶべきであると思う。それはそれだけで、すでに幸福を享受するものである。この上に何かを付け加えてから喜ぼうとしたり、人によっては、喜べることも喜んでは損だといった風に、なるべく喜ばないようにつとめる人があり、まだまだ喜ばぬぞと、飽き足らぬ心をつとめている人さえある。何と貧乏性に出来ている不幸なる事かと思う。

人間には悪い癖があって、苦しいこと悩ましいことは遠い昔のことでも、深く心に印して忘れないのであって、楽しいことや有難いことは、さっさと忘れてしまうのである。それは貪欲心が強いからである。貪欲心が強いから、それがために満足せられなかったことや苦しかったことばかりが、脳裡に深く刻まれて残るのであり、同様に、楽しいことや喜ばしいことは貪欲心のために、これくらいのことでは満足しないぞと、喜びを踏み越えて、向こうへ向こうへと走るから、結局、足元の草花は楽しむことができずに、貧しい心を抱いて、もがき走ってしまうこととなるのである。

源信和尚《げんしんかしょう》の『横川法語《よかわほうご》』に、

まず三悪道《さんまくどう》を離れて人間に生まるることおおきなる喜びなり。身はいやしくとも畜生におとらんや。家はまずしくとも餓鬼にまさるべし。心におもうことかなわずとも、地獄の苦にくらぶべからず。世のすみうきはいとうたよりなり。このゆえに、人間に生まれたることをよろこぶべしと嗜《たしな》められた現在安住と現在歓喜の教えが思い出されることである。もがきあえいでいるばかりでは、幸福の道に出ずる機会はなくなってしまう。

これくらいの用意と努力があってこそ、道を求める心も進んで、信に達することであろう。また信に安住したものも、すべてが喜べるように、つとめて心を修めてゆくべきであって、信心が増上すればするほど、喜べなかったことまでが、喜べてくるであろう。それを生活の幸福とも、向上ともいうのである。

# そのままに念仏すべし

## 一

私はこの頃、人々に対してもまた自分自身に対しても、是非いいかけたい一語があります。それは「そのままに念仏すべし」という一語であります。

人々の上を見ても、自分の上を見ても、その日常生活が、あまりに慌《あわ》ただしい生活状態であって、ただ、何となく一途に心がいらいらして、心中擾《じょう》乱《らん》の相《すがた》であります。何をどうしていいのやら、静かに考慮する余裕もなく、ちょっと静かに考えようとしても、はや何かが起こってきて、その方に移ってゆくというありさまであり、それが自分を仕合わせにするのかどうかも、とっくり考える余地もないようなありさまであります。自分の今とりつつある方向が仕合わせのためか、あるいは誤っておる方向なのか、その反省考慮の余地もなく、風の吹くままといえば良さそうであるが、暴風か颶《ぐ》風《ふう》の状態であります。それがために、たまたま道を聞く機会があっても、ちっとも落ちつかぬ心地であって、道を聞く人でさえ、そうでありますから、道を聞く心のない人においては、無論落ちついた心がなく、まったく火事場のような心もちであります。ただワクワクしているばかりであり、無定見といいましょうか、無方針といいましょうか、迷いながら走っているようなものであります。それならば、それに満足し安心しているのかと云えば、なかなかそうではなく、これではならぬ、これでは苦しいと、あえいでばかりいるのであります。

社会状態がかくせしむる点もあるのですから、自分だけが静かにしているということは許されないのであります。されば一体、どうすれば好いのかというと、どうして好いのかさっぱり分からないのであって、手のつけようがないのであります。かかる我人《われひと》にあっては「ただそのままに念仏すべし」という一語を謹んで聴くべきであります。それは十方衆生の上に呼びかけられたる如来の御声であります。

二

このままでは何としてもいけない、何とかせねばならんと思っても、実際は何とも出来ないものであります。暴風駛《し》雨の中を走っているような心、闇中を疾駆《しっく》しているような心、それは停《とど》まれと命じても停まれないのであり、静まれよといっても静まれないのが、事実なのであります。この心を、どうしようこうしようと勉めても、一向静まらないのです。しかるにこのままの上に、念仏せよということは、何としたことかと思います。自分の心がどうしようもなく、自分の仕事や自分の行為をどうしようもないのであって、何とかかとか云いますけれども、どうにもならないのが事実であって、自分の力というものは、驚くほど実力のないものであります。かかる我々に対して「念仏すべし」とは偉大な教訓であります。

「南無阿弥陀仏ともうす文字《もんじ》は、そのかずわずかに六字なれば、さのみ功能《くのう》のあるべきともおぼえざるに、この六字の名号のうちには無上甚深の功徳利益《くどくりやく》の広大なること、さらにそのきわまりなきものなり」と蓮如上人の申されたごとく、名号の功徳によって、念仏するところには、自然と心の落つきが与えられて、心は静まろうとせずとも静まってくるのであります。泥水を混ぜ返したような心の中も、少しは、泥が落ちついて静まってくるのであります。

南無阿弥陀仏をとなうれば息災延命となる。南無阿弥陀仏をとなうれば七難消滅を得せしめたもう。南無阿弥陀仏をとなうればこの世の利益《りやく》きわもなしとか、定業中夭《じょうごうちゅうよう》のぞこりぬとかと、親鸞聖人の申しておらるるのもかかる意味であろうと思います。

心の盃《さかずき》があまりに動乱常なくては、甘露の水もはいりようがありません。水静まれば影を映すということがある。静まらなければ何も映らない。そこには混乱があるばかりであります。そのままに、そのままの上に念仏すべしということは、幸福道の第一歩であって、平安の道はそこから開きはじめるのであります。

## 三

普通には、心を入れかえてとか、心を改めてとかいいます。しかし、この心というものは、なかなかそう自由にならないのであって、入れかえようと考えてみても、なかなか入れ代わらないものであります。心を改めてといいますが、まことに言い易くして行ない難いのであります。聖人は宿業《しゅくごう》ということを申されます。仔細に考えてみると、実にさようであって、容易に改められるものでないのであります。

世に教えがあって、その一つは、今言うがごとく、教えによって、心を改めてゆくことを教える教えであり、今一つは、心を入れかえるのではなく、そのままに、その上に念仏してゆく教えであります。前者を自力の教えといい、後者を他力の教えといいます。自分の心をなぶらず、改めようとしないで、その上に教えを聞いてゆくのであって、念仏が私を改変して下さるのであり、他力によって変化せしめられてゆく教えであります。

人によっては、貪欲の殊更《ことさら》に強い人があり、瞋恚《しんに》の殊に強い人があり、特別に愚痴のふかい人があります。貪欲も瞋恚も愚痴も、それは人間としての通有性ではあっても、業報《ごうほう》は各別であって、かくのごとく、その一つが殊更つよい人があり、その二つが強い人もあります。しかし極めて腹の立ち易い人には、何と教えを聞かして、その瞋恚を慎むようにせよといっても、またその人自身が慎もうとしても、それは非常な努力であって、しかも何ほどの効果もないものであります。また欲のないものはないが、非法な欲心を起こし、非望な欲を起こして、それを何としてもやめることの出来ない人があります。そのことのためには、随分無理なことも考え、無理なことも行なって、意外な苦痛を受けておるにもかかわらず、かかる貪心を改めようとしないのです。否、自分にも貪欲のために苦しみ、無理のために悩みの多いことも知りながら、それを止《とど》むることができないのであります。愚痴の強い人も同様です。それらに対して、是非止めよといって、強いて行わしめんとすれば、牛の角をためて牛を殺すように、その人を殺すようなものです、本人としても強いてその心を改めようと極力つとめるならば、自殺せねばならないようになるのであります。強くつとむればつとむるほど、もがけばもがくほど、それは苦しいばかりであって、病気になることも往々にあるのであります。そこにはただ一つ「そのままに念仏すべし」という教えより外には、これを救う道はないのであります。『教行信証』に聖人が『大智度論』を引いて「あるいは三昧《さんまい》あり、ただよく貪《とん》を除いて、瞋痴を除くことあたわず。あるいは三昧あり、ただよく瞋を除いて、痴貪を除くことあたわず。あるいは三昧あり、ただよく痴を除いて、瞋を除くことあたわず。あるいは三昧あり、ただよく現在の障《さわり》を除いて、過去・未来の一切の諸障を除くことあたわず。もしよく常に念仏三昧を修すれば、現在・過去・未来の一切の諸障を問うことなく、みな除くなり。」と申されておるのは、念仏三昧の利益を示していらるるのであります。

このゆえに、自己の悪心の改まらざることに悩み、行為の改まらないことに悩む人は、むしろ自分の心と行ないとに手をかけずして、まず、そのままに念仏すべきであります。しかる上から、静かに道を聞き、道を求むることに、つとむべきであります。

## 四

そのままに念仏すべしという「そのまま」にということは、大変ありがたいことだと思います。

「当流、親鸞聖人の一義は、あながちに出家発心《ほっしん》のかたちを本《ほん》とせず、捨家棄欲《しゃけきよく》のすがたを標せず、ただ一念帰命の他力の信心を決定《けつじょう》せしむるときは、さらに男女《なんにょ》老少をえらばざるものなり」と『御《お》文《ふみ》』にありますように、これは在家生活の生活様式を改変し、その行為を改めてかかるということを主としないことを示されたのであって、在家生活なら在家生活のままの行状《ぎょうじょう》で、その上に、念仏するのであります。ここに一念帰命の他力信心と申されているのは、ただ口に称名することから、進んで真に正しく念仏するようになることであり、正しく念仏するということは、教えを聞いて、念仏を正《しょう》信《しん》するようになることでありますが、「出家発心のかたちを本とせず」と申されていることがありがたいと思います。「そのままの上に」信心を決定して念仏せよということであって、ただ口に念仏することが、ついに、真《しん》に心から念仏するに至るのであります。

またその次には、

「まず、当流の安心《あんじん》のおもむきは、あながちに、わがこころのわろきをも、また、妄念妄執のこころのおこるをも、とどめよというにもあらず。ただあきないをもし、奉公をもせよ、猟、すなどりをもせよ、かかるあさましき罪業《ざいごう》にのみ、朝夕《ちょうせき》まどいぬるわれらごときのいたずらものを、たすけんとちかいまします弥陀如来の本願にてましますぞとふかく信じて」

と申され、「あながちに、わがこころのわろきをも、また、妄念妄執のこころのおこるをも、とどめよというにもあらず」とあるのを見るたびに、私は偉いことを知らして頂いたと喜ぶのであります。それは、無理にでも止《とど》めよといわれたならば、それでは助かる道のない我々であります。ただそのままにして、その上に、という声を聞くところに、無上のありがたさを覚ゆるのであります。あきないの生活、つとめの生活、猟すなどりの生活であってさえ、これら無道心の生活は止《や》めよと申さるるのではなく、たとい、それがいかなる下劣な生活であっても、それを止めよ、捨てよといわれるならば、教法のことはともかくとして、その事ひとつが出来るものでないのであります。皆宿業《しゅくごう》によってあらわれているのであります。そうせざるを得ない因縁に引かれてやっているのですから、実は何ともならないものであります。たとい止《や》めようと思っていても、止められないのが事実であります。その人の意思が強いから、決断が強いからといって止められるものではないのであります。止めた人は、あるいは意思の強い人であったかもしれないが、止めたということはその意思力でばかりで止めたのではありません。その証拠には、他の一切の事が何でもかでも、常にそう行なえるかというと、なかなかそうはゆかないのであります。止《や》まないのも宿業であり、止んだのも宿業であります。

我々の生活はすべて貪欲と瞋恚《しんに》と愚痴の三毒の生活に外ならないのであって、それが、自分を苦しめておるという事が、聞けば聞くほど明了になってはきても、それだからといって、それがやまらないのです。それゆえ、もし我々の救わるる道がありとすれば、それは、そのままにして、その上に、という教えでなくては救われようがないのであります。

## 五

しかるに私共は、聞けども聞けども、飽くまでも、自分の心に手をかけようとし、自分の行為に手をかけようとするのであります。そしてこの心が直らないとか、何ともならないとか、貪欲が止まない、瞋恚が止まない、罪悪心がやまない、善い心が起こらない、善いことができないなどと云っておるのです。そして念仏すべしと申されているにもかかわらず、念仏しないのです。礼拝《らいはい》せよといわれても礼拝をしないのです。そしていくら道を聞いても、要は、自分の心に手をかけん、とし、自分の行ないを改善せんと努力するばかりであります。それは根本において、自力心と我慢心とが強いために、教えが耳にはいらないのであって、右がいけないと聞くと左たらんとし、左がいけないと聞くと右たらんとして、我が心を右に向けん、左に向けんとして、ひとえに心を改変することにのみつとめておるのです。

もとの水をぶちあけて、教えの水を入れるのではありません。もとの水の上に法の水を受け入れるのです。桶《おけ》の悪水はぶちあけられるでしょうが、心の悪水はぶちあけることができないのです。ぶちあけようとすれば、それは死です。「妄念はもとより凡夫の地体《じたい》なり。妄念の外に別に心はなきなり」と源信和尚《かしょう》の申されたごとく、妄念が心であり、心の命は妄念であり、悪心の外《ほか》に別に心はないのですから、この心を捨てることは命をすてることです。それゆえ、その上に、他力の大悲大願を聞く事によって、信心は自然《じねん》に起こるのであります。信も起こそうとして発《おこ》るものではありません。皆他力であり、自然であります。

## 六

念仏する心は、自分のかなわざることを自覚したる、苦悩から生じて来るのであります。それゆえ、どうしても念仏することのできないということは、自分の心も行ないも改めようとして改められないという、自力の無能力に覚めない人であります。

それゆえ、ここで注意すべきことは、自分は腹が立って困るからして、そういうことなら、一つやってみようというくらいの心で、念仏する人が随分多いのですが、かかる念仏にも、幾分かの利益《りやく》はありましょうけれども、念仏するにも二様の人があって、他にも方法があり、瞋恚《しんに》の止《や》む道もあろうけれども、念仏するということは、易いことであるから、やってみようというのは、功利的なずるい考えであります。これが龍樹菩薩が「易行品《いぎょうほん》」に説いておらるるところであって、自力では苦悩の助かる道はなかなか難渋だから、一つ易い法があるならば教えてほしいと龍樹菩薩に願うのに対して、菩薩は弟子を大いに叱っておられて、汝は儜弱怯劣《にょうにゃくこれつ》のものなりと云っておらるるのと同様の意であります。他にも道はあり方法もあるが、それは難しいから、易い方法を一つやってみようというのは、自力不能の自覚がないのであります。それとはまったく違って、自分の力でいろいろやってみたが、どうにもならぬと自覚した人は、自力不能にさめて、他力をたのまんとする心であります。それゆえ、念仏すべしと聞いても、念仏する心にかく二様があるのであります。それゆえ利益に相異のあることも、理の当然であることを知らねばなりません。

## 七

念仏の功徳を聞いて、その広大なる利益《りやく》を得んがために、道を聞き、教えを知らんとして念仏をとなえる人は沢山ありますけれども、その出発が自我欲のためであり、貪欲のためであるから、いかに道を聞いても、いかに、教えを知っても、いかに念仏しても、かねて予期したほどの利益の所得がないのに、がっかりするのであります。信心が得たい、信心を決定《けつじょう》せねばならんと、熱心になっても、それが利益をとらんとする欲心のためであるから、真に信ずることさえ実はできないのであります。それは初めから道心がないのであります。求道心というもの、すなわち道心というものは、功利的な欲心から出発するものではなく、我が身ひとつ、我が心ひとつが真に助かりたいと願う心であります。今ここに苦しみ悩む心を抱いておる人があって、その苦悩の原因は、自分の煩悩のためであることを知っても、この心をいかんともすることができぬ。ああもしてみた、こうもしてみた、けれどもちっとも改変することができない。すなわち救う道がないと気がついた人には、我が前に難と易と二つの道があって、易い方をとった方が得策だから、やってみようかというような、ずるい余裕のある心は出て来ないのであって、ひたすらに、かかる苦悩の助かる道を求めて、助かりたいという念願にもえて、現在の苦悩がたすかりたいばかりであります。それは現在はどうでもよいが、将来の多大な利益のために、というような心とは、大なる相違であります。

「そのままに念仏すべし」ということも、それは助かりたいと切に念願しつつ助かる道が尽きた人にとってのみ、それは救いの声であり、真実の響きをもたらすのであります。それゆえ実にこの心ひとつは、道の命であります。この心を失わないようにしつつ、念仏し、聞法する所に、その利益はいよいよ広大となって、ついには自然《じねん》に信心決定《けつじょう》の身となる仕合わせに進ましていただけるのであります。

## 八

「そのままに念仏すべし」とは道の初めであって、道の終わりであります。自力によっていかんともすべからずして、もだえ悩むならば、念仏するところに、濁乱《じょくらん》の心はきっと多少とも、静まるのでありま す。静まるところには、自己の相《すがた》も映り、如来の相もうつるようになってくるのです。

如来は、名をもって物を摂せんとしておらるるのであり、悩める衆生を救済せんとして、まず称えしめんとしておらるるのであります。称えしめるまでには、非常な方便の御苦労があったのでありま す、それが如来の光明のはたらきであります。称えしめんとは、他力の救済のあることを知らしめんためであり、名によって他力の本願を知らしめんとし、仏自身を知らしめんとしておらるるのでありまして、称えしめんとは、他力本願の救いを知らしめ、信ぜしめんためであり、帰命せしめんためであります。それゆえ、我々からいえば、称える身となって、聞法するところに、いよいよ自分の助かる道の他にないことを知らしめられ、自力の無能なることを明らかに信知するようになり、それが次第次第に明了になりつつ、み名によって救済せらるる一道のあることを知らしめられ、ついには自力をふり立てず、他力救済の大願を信ずるようになるのであります。如来の本願は、聞けば聞くほど、自力がふり立てられなくなるのであり、貪欲も、瞋恚も、愚痴も、これをどうしようとせずして、本願を仰いでただ念仏するところに、これらの煩悩も自然《じねん》にその焔《ほのお》を低めるのであります。すべてが他力であり、念仏の功徳であります。

煩悩は苦悩を生む心なるがゆえに止《や》めたいのではあるが、しかしながら自力努力によって止めようとしても、やまないのが煩悩の煩悩たる所以《ゆえん》でありますが、念仏の信心には、他力の大願業力《だいがんごうりき》によって、幾分ずつでも止《や》まって来るのであって、それが他力自然の徳であります。止めるのではなく止まって来るのです。止まって来ないがために、止めよう止めようとして自力努力に苦しむ人は、自力のその手を止めて一向に念仏しつつ、本願信楽《しんぎょう》の道へと、聞法精進すべきであります。「信心さだまりなば、往生は弥陀にはからわれまいらせてすることなれば、わがはからいなるべからず。わろからんにつけても、いよいよ願力をあおぎまいらせば、自然《じねん》のことわりにて、柔和忍辱《にんにく》の心もいでくべし」と『歎異抄』に申されたごとく、悪《わ》ろからんにつけても、いよいよ願力を仰ぎまいらせば、自然《じねん》のことわりにて、柔和忍辱の心もいでくべしであります。まったくそれは他力に帰したる自然の徳であり、念仏の徳であります。

# 涅槃《ねはん》について

一

「自然法爾事《じねんほうにのこと》」といって『末燈鈔《まっとうしょう》』には次のように出ています。

自然《じねん》というは、自はおのずからという、行者のはからいにあらず。然《ねん》というはしからしむということばなり。しからしむというは、行者のはからいにあらず、如来のちかいにてあるがゆえに法爾《ほうに》という。法爾というは、この如来のおんちかいなるがゆえに、しからしむるを法爾というなり。法爾はこのおんちかいなりけるゆえに、おおよす行者のはからいのなきをもって、この法の徳のゆえにしからしむというなり。すべて、人のはじめてはからわざるなり。このゆえに、義なきを義とすとしるべしとなり。自然《じねん》というは、もとよりしからしむということばなり。弥陀仏の御《おん》ちかいの、もとより行者のはからいにあらずして、南無阿弥陀仏とたのませたまいて、むかえんとはからわせたまいたるによりて、行者のよからんともあしからんともおもわぬを、自然とはもうすぞとききて候う。ちかいのようは、無上仏にならしめんとちかいたまえるなり。無上仏ともうすはかたちもなくましします。かたちもましまさぬゆえに、自然とはもうすなり。かたちましますとしめすときには、無上涅槃とはもうさず。かたちもましまさぬようをしらせんとて、はじめて弥陀仏ともうすとぞききならいて候う。みだ仏は、自然のようをしらせんりょうなり。この道理をこころえつるのちには、この自然のことはつねにさたすべきにあらざるなり。つねに自然をさたせば、義なきを義とすということは、なお義のあるになるべし。これは仏智の不思議にてあるなり。

聖人の八十六歳の御書面でありまして、大切な意味の深い御言葉であります。それゆえ委《くわ》しくここに記することは出来ませんが、先日成同《じょうどう》講演会で卑見を述べましたについて、その一端を筆記して下さったものに、少し書き加えてみようと思います。

つまり自然《じねん》という文字によって、他力信の内容を説明せんとせられたのであります。大体、『無量寿経』という経典は、自然経《じねんきょう》という名があるくらい、自然という字が多く出ているのであります。

世間では自然という字の意味をいろいろに用いていまして、解ったように思って互いに話したり読んだりしてはいますが、至極曖昧であります。しかるに聖人にあっては、明らかに定義を下しておられるのであります。すなわち、自然というは人間がはからい心を用いないことであり、我々の方からでなく、他《た》からはたらきかけらるるのを自然というのだと申されておるのであります。自はおのずからであり、然《ねん》はしからしむという言葉であるから、我が心の作為《さい》でなく、我ならざる力が上にはたらいておるのを自然というのであるといっておらるるのであります。それゆえ、他力自然とも申されております。すなわち行者のはからいにあらず、弥陀仏の御ちかいとして、南無阿弥陀仏ととなえ、たのましめんとしておらるる御はたらきであり、たのますようにせしめて、むかえとらんとしておらるるそのはたらきを自然《じねん》というのであるから、行者としては、善悪の思念をはたらかしてかかるのでなく、ただ、はからわんとする如来にはからわれて、南無阿弥陀仏とたのまねばならぬようにさせられつつ、そしてたのむようになったのであります。すなわち聖人の自然といわるるのは、天然界、人事界を通して、その奥に流れつつある大自然《じねん》の力用《りきゆう》、すなわち如来の願力自然を見つつその願力自然がこの現実界にはたらいておらるる相《すがた》を見ておらるるのであります。吾人はその力に作為《さい》せられて、ついには南無阿弥陀仏と、仏をたのまざるを得ぬようになるのであります。ゆえに他力信心ということは、この願力自然にはからわれて、自然の力によって素直にその願力を仰ぐようになり、願心に一致するようになったのであると、他力自然を仰いでおらるるのであります。

信は願より生ずれば、念仏成仏自然《じねん》なり
自然はすなわち報土なり、証大涅槃うたがわず

## 二

この「自然章《じねんしょう》」では、自然ということから涅槃《ねはん》ということに及んで話していられるのであります。阿弥陀仏の精神は、宇宙全体に亘《わた》って、そして私一人の上に作為していらるるがゆえに、吾人から

は、阿弥陀仏のはたらきを自然というのであって、阿弥陀仏のちかいの心は、吾人を無上仏にならしめんとして作為《さい》していらるるのであり、無上仏ということは無上涅槃にいたらしむるということなのであります。本来、阿弥陀仏は無上仏であるから、阿弥陀仏は無上涅槃の妙果であるのであります。阿弥陀仏が無上仏であって無上涅槃であるから、如来の願心は私共を無上涅槃の妙果に到らしめんとしていらるるのであります。無上涅槃というからは、かたちもましまさぬということを意味しているのであり、無上仏ということも同じく、かたちも色もましまさぬのであります。ゆえに、私共がたすけらるるということは、色や形のあるものになるということではないのであります。極楽へまいって仏になるというと、直ぐに色や相《すがた》を連想することでありますが、それはまだ尽くした考えではありませんん。それゆえ普通に多くの人は、極楽往生は有難いことだと一応は喜んでいますけれども、よくよく考えてみると、それはかえって満足のできないこととなるのであります。色もなく相や形もない無上仏になるのであるということが、よく理解出来た上からは、さように思って喜んでいても差し支えはありますまいが、是非とも一応はその理を極めて、涅槃の尊い意義を知っておかねばならぬことであります。それゆえ、老後の聖人が、わざわざ「自然法爾章《じねんほうにしょう》」を書き残されたものでありましょう。

## 三

仏教は涅槃を無上幸福の境界《きょうがい》として、それを理想とし念願として説いておらるる教えであります。

しかるに仏教信者の多くは、それが難解であるためにこれを顧みずして、解り易いところだけを、自己の便宜に任して味わっておこうとする傾向があります。涅槃というようなことは難しいからと退けて、ただ、仏果涅槃とか、涅槃の妙果とか、名だけを口にしておくのであります。本願を純一に信《しん》楽《ぎょう》できるならば、それでも好いのでしょうけれども、もし疑いがあってどうも信ぜられぬとならば、是非これを究《きわ》めねばならぬのであります。『教行信証』を披《ひら》きましても、「教巻」なり、「行巻」なり、「信巻」なり、「証巻」なり、いたるところ、涅槃の言葉とその意味によって埋《うず》まっておるといっても好いのであります。今ここに充分書きしるすことはできませんけれども、極楽というも、浄土というも、成仏というも皆涅槃と同一の意義であります。涅槃ということは証果の境地を申さるるのであり、心的であり智的とでも申しましょうか。それを人格的に申されたのが成仏ということであり、国土的に顕わされたのが浄土であり、苦楽的感情的に示されたから極楽という名があるのでありまして、要するに同一のことであります。ゆえに極楽無為涅槃界《むいねはんがい》と申されまして、法然上人は「速入《そくにゅう》寂静《じょう》無為楽《むいらく》」と申され、聖人は『正信偈《しょうしんげ》』に引いておられます。寂静ということは涅槃ということであり、無為というも涅槃のことであります。

無上涅槃の如来、すなわち無上仏であるところの如来は、私共を無上涅槃にいたらしめんとして作為しておらるるのであるから、自然《じねん》というのであります。それゆえ阿弥陀仏という名は、かかる自然の模様をしらしめんためであると申されているのであります。すなわち、いろもましまさず、かたちもましまさぬところの、願心願力の外《ほか》に阿弥陀仏はないのであります。阿弥陀仏は初めより無上涅槃に到らしめようと念願していられるのですから、私共の最後の目的は無上涅槃であらねばならぬのであります。すなわち、色もなく形もなき無上涅槃に到ることが、私共の理想であらねばならぬのであります。

## 四

なおこの意味は『唯信鈔文意《ゆいしんしょうもんい》』という聖人の書かれたものを見ると、少し細かく解るのであります。無論、極楽に参るということ、すなわち仏《ぶつ》になるという事は、極楽は無為涅槃界《むいねはんがい》であるからと、涅槃ということで表していられるのであります。

「「涅槃界《ねはんがい》」というは、無明《むみょう》のまどいをひるがえして、無上覚をさとるなり。「界」は、さかいという。さとりをひらくさかいなりとしるべし。大涅槃ともうすに、その名無量なり。くわしくもうすにあたわず。おろおろ、その名をあらわすべし。「涅槃」をば、滅度《めつど》という、無為という、安楽という、常楽という、実相という、法身《ほっしん》という、法性《ほっしょう》という、真如という、一如という、仏性という。仏性すなわち如来なり。この如来、微塵《みじん》世界にみちみちたまえり。すなわち、一切群《ぐん》生海《じょうかい》の心《しん》なり。草木国土ことごとく成仏すととけり、この一切の有情《うじょう》の心に方便法身《ほっしん》の誓願を信楽《しんぎょう》するがゆえに、この信心すなわち仏性なり。仏性すなわち法性なり。法性すなわち法身なり。しかれば仏について二種の仏身まします。ひとつには法性法身ともうす。ふたつには方便法身ともうす。法性法身ともうすは、いろもなし、かたちもましまさず。しかれば、こころもおよばれず。ことばもたえたり。この一如よりかたちをあらわして、方便法身ともうすその御すがたに、法蔵比丘《びく》となりたまいて、不可思議の四十八の大誓願をおこしあらわしたまうなり。この誓願のなかに、光明無量の本願、寿命無量の弘誓《ぐぜい》をあらわしたまえる御かたちを、世親菩薩は、尽《じん》十方無碍光如来《じっぽうむげこうにょらい》となづけたてまつりたまえり。この如来すなわち誓願の業因《ごういん》にむくいたまいて、報身如来ともうす。すなわち阿弥陀如来ともうす。報ともうすは、たねにむくいたるゆえなり。この報身より、応化《おうけ》等の無量無数《むしゅ》の身《しん》をあらわして、微塵《みじん》世界に無碍《むげ》の智慧光をはなたしめたもうゆえに、尽十方無碍光仏《じんじっぽうむげこうぶつ》ともうすひかりの御かたちにて、いろもましまさず、かたちもましまさず、すなわち法性法身におなじくして、無明のやみをはらい、悪業《あくごう》にさえられず。このゆえに、無碍《むげ》光ともうすなり。無碍は、有情の悪業《あくごう》煩悩にさえられずとなり。しかれば、阿弥陀仏は、光明なり。光明は、智慧のかたちなりとしるべし。」

とありまして、色もあり形もある仏となると思うことは、ちょっと有難いようではありますが、ついには、矛盾に陥って自分から困らねばならぬこととなります。仏の教えは私共の心の問題についてでありまして、私共が困るとか悩むとかいうのは、物のことではなく、物に関する心の問題なのであります。心が苦しむのですから、心が救われるのが主眼の目的でなければならぬのであります。形があるものは、いつかは壊れねばならぬ時があるのですから、そういうものになるのではありません。こういうことが解らねば、実は死んでもゆけないのであります。

されぱといって、形がないといっても、全然空《くう》なるものになると思うこともまた誤りであるのであります。この二つの点を注意して涅槃ということ、無上仏ということを、よく味わわねばならぬのであります。「証《しょう》の巻」をお読みになれば、この辺のことが委《くわ》しくお分かりになると思います。

## 五

それで、こういう事からお話してみたいと思います。

ここにある無上仏ということについて、吾々《われわれ》の仏になる無上仏になるということは、現実の人生というものと、何らの関係がないように思っておられるかもしれないのですが、これこそは人間の理想として願わなければならぬことであって、是非とも必要なことであります。自分というものが本当に幸福になりたいと思うならば、この願いを起こさざるを得ないのであって、真実の幸福というものは、これより外《ほか》にないのであります。釈尊も聖人もそれを分からせることに、随分努力せられたのであります。だから人生とまったく関係がないということではなく、かえって人生として考えなければならぬことであるから、そういうことが解るならば、これこそ本当に幸福になる道であります。でありますから我々は、幸福に対する今までの考えをすてて、改めて考え直さねばならぬと思います。

## 六

私共は心底から非常に切なる願いをもっているものでありまして、それが何であるかは明瞭でないとしても、どうしても捨ててしまうことの出来ないものがあります。そのすてることの出来ぬものは何であるかといえば、一言《いちごん》にいえば幸福になりたいということであります。私共は日夜、幸福になりたいなりたいと思っています。けれどもそれは明らかにこうなることだ、ということが知れないのであります。言葉を換えていってみれば、何か知らんが面白くない面白くないと思っているのでありまして、年が年中いろいろの事をやっているのは、畢竟《ひっきょう》皆そのためであります。何か知らんが、もっと幸福になりたいと思っているのであります。いくら食べてみても、着てみても、書物を読んでみても、働いてみても、金を貯めてみても、子供を教育してみても、実はあまり幸福にならないのであります。要するに釈尊がいわれた苦悩の衆生ということになってしまうのです。汝らの苦悩は無智なるために、毎日毎日同じようなことを繰り返しているのであるといわれています。少しこの辺のことが分かれば、そして反省するならば、そこに現実の自分というものが分からねばならぬはずであります。

猿が檻《おり》の中にいて右へ走り左へ走っているように、ある時は子供をあやして楽しんでみたり、茶や音楽に走ってみたり、酒や色に浸ってみたりしているのであります。またそれがためには商売をして金も儲けねばならず、それに連関しては交際もせねばならず……こういう風に、五十年かかっても、百年かかっても尽きぬようなことをやっているのであります。いくらやっても、これでよいという時がないのであります。蛇のような執念深さをもって根気づよく、あれをやりこれをやり、少しも懲りずにやっているのであります。そしてどれもこれも幸福にはなれずに、これをやれば幸福になれるか、あれをやれば幸福だろうかと、ただもう走りづめに走って焦《あせ》っているのであります。そして、どういう事をやれば幸福になれようかと、ひたすらに、真の幸福を発見せんとして、日夜にもがき悩んでいるのであります。釈尊が、「苦悩の衆生よ」といわるるのは、かかる我らの現実相を申されたのであります。

それゆえ釈尊によって、また親鸞聖人によって、真に幸福になれる道、真実道が私共に示されているのであります。しかるに、私共はこの道を聞こうともせず、相変わらず、金があれば好いとか、名誉があれば好いとか、財産ができれば好いとか、またそこまでゆかずとも、音楽をやれば好いとか、芝居をみれば好いとか、山登りをすれば好いとか、常に五官から入ってくる種々のものによって、自分の苦を無くしようとしているのが、私共の現実相であります。これは、人類始まって以来、祖先伝来的に二千年も三千年もやっているのでしょうけれども、少しも真の幸福は得られなかったのであります。たとい学問をして知識的に満足幸福を求めましても、それも駄目でありまして、畢竟《ひっきょう》、どこまで行っても真の幸福には出逢わないで、ますます迷宮に入り込んでゆくばかりであります。

とにかく、何をやってみても、ある所まで行くと行き詰まってしまうのですが、そうするとまた方向をかえてみるのであります。何遍かえてみたって、それはやがてまた行き詰まってしまうのですから、釈尊は、そういうことをしていては幸福になれるものではない、人々は皆この大涅槃を理想とせなければならぬものであると、言われているのであります。

七

この幸福の境地なるものは、高くいえば涅槃であり、低くいえば菩提心であります。これは釈尊によって初めて知らされたのであります。この菩提心ということを、低く現実の上からいえば、すなわち自利利他円満の念願ということでありまして、これが分からねば仏教の話は何ほど聞いても分からないのであります。菩提心ということは、上求菩提下化衆生《じょうぐぼだいげけしゅじょう》ということでありまして、それがすなわち自利と利他との円満であります。その究竟《くきょう》がすなわち涅槃でありまして、『御文』の中に菩提涅槃を願うべきものなりともいって、涅槃ということと菩提ということが、いつもつけてあるのでありま す。この菩提心によって自利と利他とが満足する、それが私共の本当に幸福になる道なのであります。

八

私共の自己ということには、小なる自己と大なる自己とがあります。私共の常にやっていることは多く小自己のためでありまして、それを自己の幸福道と考え、自己を幸福にする道と考えているのでありまます。私共でいうならば、音楽をやってみた、遊んでみた、茶をやってみた、しかしそれでも本当の道じゃない。そしてそれをかえてみる。どうしても本当の幸福、真実の幸福という道が吾々《われわれ》には分からぬ。分からぬからなお色々様々なことをやってゆく、そして益々悩むのであります。

そんなら、どうすれば好いのかといえば、すなわち釈尊によって教えられた菩提心を発《おこ》すのでありま す。菩提心ということは、自利と利他を円満しようとする心であります。

自利と利他とを円満せんと願うことが菩提心でありまして、それは自分自身としても、他に対しても、あらゆる場合、あらゆる時に大安楽を得るということであります。

## 九

自分の苦悩がなくなることは自利であって、もう一つ利他ということが釈尊によって示されているのであります。自分を本当に幸福にするには利他を念願せねばならぬこととなるのであります。

例えば、自分が御馳走を食べる。子供がそれを欲しそうにしているとそれを見ていて自分だけ食べていても、幸福ではありません。自分が金を儲けても、いくら贅沢にしていても、子供や家族や親類のものが苦しんでいては、本当の幸福ではないのであります。すなわち真の幸福を得るためには、この小さき自分と、その自分の周囲のものが皆幸福にならなければならぬのであります。自利利他が円満せねば、真の自己は本当の幸福とはならないのであります。この自分の周囲、すなわち他を見ることが大自己でありまして、ほんの自分だけを見る人は小自己であります。小自己の満足だけでは、どうしても助からないのであります。

しかし、吾々《われわれ》は無自覚ながらにも、子供や家内のものの喜ぶのを楽しみとしたり、また社会国家のためを思ったりして、時には自利の外《ほか》に利他をやってみることもあるのですが、その利他の念願が、真の幸福であることが、はっきり確信できないために、ある時は自利をやってみたり、ある時は利他をやってみたりしているのであります。しかしどちらをしてみても都合が悪いのであります。利他を念願すれば自分が困ることとなり、さればといって自利のみをはかると、やはり困ることとなってしまうのであって、自利利他が円満にゆかないのであります。だから、どちらをやってみても幸福が感じられないのであります。すなわち、自利利他が円満しなければ、どうしても幸福にはなれないのであります。

## 十

聖徳太子の時に仏教が入ってきて、釈尊のこの思想が受け入れられたことによって、菩提心（道心ともいいます）を発すことが初めて分かったのであります。それで自分が本当に幸福になりたいと願う人には、皆釈尊の教えによって仏教を信じ、自利利他円満することが、己を幸福にする真の道だということが分かったのであります。この菩提心を自力的にやっていこうとすると、自分を出来るだけ小さくして利他を出来るだけ大きくせなければならぬこととなります。そのためには自分の全体を投げ出してでも利他をやらねばならぬこととなるのであります。当時のえらい人々は皆これを実行して来たらしいのでありますが、親鸞聖人に至って、どうしても、それが徹底的にはやれないという事実を発見せられたのでありました。しからば、すなわち自己の力、自力では本当の幸福には、なり得られないこととなります。たとえ、その方法が立派な真実の道であるとはいえ、自力的にそれを完成することの到底出来ないということが、自己の事実として、聖人の歎きとなったのであります。

日本の仏教は、今お話しした通り聖徳太子以後、儒教などの思想も混じってはいますが、聖徳太子によって入ってきた仏教は、この菩提心が中心思想でありまして、そのために自己以外、すなわち国家のため、親兄弟のため、親類のため、他のもののために尽くすという考えが、長い年月をかかって培《つちか》われてきて、ついに大和魂というものを造り上げたのであろうと思われます。しかるにいつの間にか次第にかかる思念が衰微《すいび》して、その上、維新前後から、種々なる思想が入ってきて、何らの選択なくそれらの思想が取り入れられたため、個人思想のみが強くなって、利他的精神が枯渇せんとしているのでありましょう。我々現代人の魂には、菩提心もなく、涅槃の理想もなく、したがって大和魂なども流行《はや》らなくなったようなかたちであります。

大体、西洋思想には、自利利他円満を念願とする思想はないのではありますまいか。たとい、それが社会事業だとか、何だとか種々に利他的のことを云ったり、やったりしていましても、それが本当の利他念願の心からでなく、やはり自己を主張せんとする自利のための利他に過ぎないのではありますまいか。文化が進んでいかにも幸福なようでありますが、もともと自利が主となり根となっているのですから、本当の幸福にはならないのではありますまいか。釈尊にその淵源を発した東洋思想と、西洋思想との差異は、その内容において全然立場が違うようであります。

大乗涅槃というのはすなわち自利利他円満でありまして、本当に涅槃の境地に至りえたものは、自分はたとえ苦の中におっても、他のものを幸福にする働きが出来るということなのであります。利他することが幸福であり（自分に少しも悩みを感じないというだけでなく）他を救うということが直ちに自分の幸福であって、その外に自分のことを少しも願わないということが大涅槃でありまして、こういうことを誰人も念願せねばならぬと主張しておられるのであります。

私は、聖徳太子已後、かかる仏教の思想があったために、どうにか、こうにか日本が栄えてきたのであろうと思います。

## 十一

真に幸福を求むるとならば、この大涅槃を理想として進まねばならぬのでありますが、真実に他のために自らを捧《ささ》げてゆくことが、できるかどうかというと、それが昔から求道者《ぐどう》の悩みとなった所でありまして、親鸞聖人もこの点について真に悩まれたのであります。悩んで悩んで苦しみ抜かれた結果として、自力的の自利利他円満の理想は到底駄目であるが、誰かこの二利を円満せしめる力を与えてくれる方はなかろうかということから、ついに他力本願に帰せられたのであります。といって、自力聖道《しょうどう》心の自利利他満足の理想が悪いとか間違っているというのではありません。理論としては、本当に幸福を得る方法としてはこれより外にないのであるが、自分ではこれをどうしても事実上完成することが出来ぬ。それが他力本願によって初めて完成せしめらるる喜びと満足とを得られたのでありります。聖人の真の悩みというはこれであり、真の救いとはこれなのであります。

もしこれが完成せぬならば、人生というものは本当に意義のないものとなってしまうのでありまます。

菩提心ということは、前にお話したように、上求菩提下化衆生心《じょうぐぼだいげけしゅじょうしん》ということであり、それが自力的にはどうしても完成も満足もできないのであって、もしそれが出来ないとすると、吾人《ごじん》の真の幸福はなくなることとなります。しかるに、その上求菩提下化衆生の念願が、阿弥陀如来の願力によって、願作仏心《がんさぶっしん》と度衆生心《どしゅじょうしん》の満足をうるのであります。すなわち悩みなき仏にならんと願う心、それと同時にその内容として、他の衆生の悩みをなくせんとし、他を救い、他を安楽ならしめんとする度衆生心の満足を得るのであります。

「煩悩具足の凡夫《ぼんぶ》、火宅無常の世界は、よろずのこと、みなもて、そらごと、たわごと、まことあることなきに、ただ念仏のみぞ、まことにておわします」と喜ばれたのは、真の幸福を求めてやまぬ吾人の生活努力のすべてが、まったく無意義におわらんとする切なる悩み、それがはじめて念仏によって成就した喜びであります。

我々が自己を真に愛し、真の幸福を求むるかぎり、だんだん深く考えてゆくならば、どうしてもこの自利利他の円満成就を念願せずにはおれぬこととなるのであって、そうでなければ永久に真の幸福にはなれないのであります。それですから、真に命がけの問題であります。そして、それが自力的努力によって出来ないことであるとしても、あくまでも、仏果涅槃《ぶっかねはん》は願わずにはおれないことでありまず。この涅槃という境地に進む時、自利と利他とは円《まど》かに具足するのですから、涅槃こそは人生の最大理想であらねばならぬのであります。

## 十二

自己の幸福を願って種々の方法を取り、苦しみ悩みつつある私共を、どうかしてその願いを果たさしめたいという念願から、四十八願を建てたまえる如来のおわしますことによって、吾々《われわれ》の願いが満足されるのであるということが、聖人の無上の喜びであったのであります。自力的の自利利他は真摯に考えますならば、どうしても吾々を不可能の悩みに導くばかりであります。その完成が期せられないということに、最後は悩まねばならぬのであります。『歎異抄』の第四節に、慈悲に聖道《しょうどう》・浄土のかわりめあり。聖道の慈悲というは、ものをあわれみ、かなしみ、はぐくむなり。しかれども、おもうがごとくたすけとぐること、きわめてありがたし。

と申されてあるように、どうしても駄目なのであります。吾々も泣き、昔からの求道《ぐどう》者もここに泣かれたのであります。それで聖人は、

また浄土の慈悲というは、念仏して、いそぎ仏《ぶつ》になりて、大慈大悲心をもって、おもうがごとく衆生を利益《りやく》するをいうべきなり。今生《こんじょう》に、いかに、いとおし不便《ふびん》とおもうとも、存知《ぞんじ》のごとくたすけがたければ、この慈悲始終なし。しかれば、念仏もうすのみぞ、すえとおりたる大慈悲心にてそうろうべき

と、念仏によって自利満足し、念仏によって利他満足の光明に出逢ったことが無上の幸福であると喜ばれたのであります。しかし、かかる未来的な言葉が出てくると、がっかりするという人があります。けれども、聖人は確かに到達の希望を認めて、光を仰いで歓喜《かんぎ》していらるるのであります。人間としては、それで十分なのであります。何でも現実的に早くすべてを把《つか》みたいと思うのは、それはあまりに欲の深すぎることであり、我が身知らずというべきであります。そのくせ自分には微《かす》かにさえ、確信の喜びもなく、希望の光もちっとも有せないのであって、いつまでもいつまでも、依然として闇路を辿っているのであります。

かかる聖人の教えによって、念仏の大道に出たものは、聖人と同じ喜びを喜ばして頂くことができ

るのであります。日々の生活の上に、本当の意味において、自利利他を円満せしめらるる喜びを有して、意義ある生活の一歩一歩を進みつつ、涅槃の大理想に向かって進ましていただくのであります。たとい時々は、道の外《ほか》に迷い出《い》ずることがあっても、必ずまた正しき道に帰ることができて、この大理想の実現に向かって近づきつつ、進まして頂くのであります。

仏天を仰いで（終）

# 校訂者あとがき

本書は、大正一三（一九二四）年に発刊されたものに、最後の三篇の増補を加えて、昭和八（一九三三）年に成同社から再刊されたものを校訂し、復刊したものです。校訂に当たっては、旧字体を新字体に、旧仮名遣いを新仮名遣いに改めるとともに、用語の不統一の是正をできるだけ図りました。さらに、引用されている経典、お聖教の本文は、可能な限り真宗聖典（真宗大谷派発行）に準拠して改めました。

著者の蜂屋賢喜代師は、清沢満之門下で大正の末期から昭和の中期にかけて大阪を中心に活躍した真宗大谷派の僧侶であります。

この書は、蜂屋師初期の文集であり、誰にでも起こりうる人生生活上の現実問題に対する苦悩に寄り添うように、非常に具体的に話しかけるように綴られており、仏とも法とも何も知らなかった私自身が、自らの職業問題、家庭問題に悩み出した二十代に、幸いにも聞法生活を始めるようになった当初から今日に至るまで、常に座右に置いて親しみ、仏の智慧と慈悲をいただき続けている書であります。

この度、長年の念願でありました本書の復刊を、蜂屋師の名著『歎異鈔講話』の校訂、並びに『念

仏者　蜂屋賢喜代』の著作者であります伊藤益先生に、その出版元であります北樹出版様をご紹介いただきお願いしたところ、出版を快諾してくださりかように刊行の運びとなりました。原著からのタイプ原稿作成は、菊地香円氏（元真宗大谷派ハワイ開教区開教使）にお願いし大変お世話になりました。ここに、北樹出版社長木村慎也氏、同取締役古屋幾子氏をはじめ、お世話になりました方々に、衷心からの厚い感謝の思いを記したく存じます。

最後に、この書が様々な苦悩をかかえて生きる同時代人のお心に寄り添い、良き伴侶となりますことを深く念願する次第であります。

合掌

二〇二三年五月　ニューヨーク・ヨンカーズ草庵にて

真宗大谷派（東本願寺）北米開教使　名　倉　幹

**[著者紹介]**

蜂屋　賢喜代（はちや　よしきよ）

1880年9月10日　大阪市東区谷町慶徳寺に生まれる
1905年　東京巣鴨、真宗大学本科（現大谷大学）卒業
1924年　光照寺（大阪・天王寺区）住職となる
1964年12月13日　逝去
著書に『蓮如上人御一代記聞書講話』『正信偈講話』『四十八願講話』『人間道』『病める人へ』『聞法の用意』『苦の探究』『歎異鈔講話』等

**[校訂者紹介]**

名倉　　幹（なくら　みき）

1962年　京都市に生まれる
1987年　神戸大学経営学部卒業、住友銀行入行
2006年　真宗大谷派（東本願寺）にて得度
2012年　ニューヨークに渡り、真宗大谷派北米開教使として現在に至る

**仏天を仰いで**

2023年8月10日　初版第1刷発行

著　者　蜂　屋　賢喜代
校訂者　名　倉　　　幹
発行者　木　村　慎　也
印刷　中央印刷／製本　和光堂

発行所　株式会社　北樹出版

http://www.hokuju.jp
〒153-0061　東京都目黒区中目黒1-2-6
TEL：03-3715-1525(代表)　FAX：03-5720-1488

　ISBN 978-4-7793-0718-8